Knut Hamsun

LEBEN IN BILDERN

Herausgegeben von
Dieter Stolz

Knut Hamsun

Wolfgang Schneider

DEUTSCHER KUNSTVERLAG

»… das delikate Phantasieleben durch die Lupe betrachten, diese Wanderungen von Gedanken und Gefühlen ins Blaue, schrittlose, spurlose Reisen mit Hirn und Herz, seltsame Nervenaktivitäten, das Flüstern des Blutes, das Flehen der Knochen, das ganze unbewusste Seelenleben.«

Knut Hamsun

Inhalt

Harte Schule des Lebens

In den zwanziger Jahren des vergangenen Jahrhunderts galt Knut Hamsun vielen als bedeutendster lebender Schriftsteller der Welt. Die Liste derer, die den Nobelpreisträger von 1920 verehrten und als Vorbild nannten, ist schier endlos. Brecht, Gide, Galsworthy, Gorki, Hesse, Hauptmann, Kafka, Musil, Henry Miller, Pasternak, H. G. Wells – sie alle priesen ihn in höchsten Tönen, lobten seine einzigartige Verbindung von urwüchsiger epischer Kraft und raffinierter Moderne. James Joyce nannte ihn »Old King Knut«. Und Isaac Bashevis Singer schrieb: »Die ganze moderne Erzählweise des 20. Jahrhunderts geht auf Hamsun zurück.«

Im Mai 1945 war Hamsun der unmöglichste Autor der Welt. Wie kein anderer Schriftsteller seines Ranges hatte er mit den Nazis kollaboriert und auf vertrotzte Weise noch im Untergang zu ihnen gehalten – bis hin zu einem hymnischen Nachruf auf Hitler. Man steckte ihn in die Psychiatrie, man machte ihm den Prozess. Ehemalige Leser kamen zu seinem Gutshof, um ihre Hamsun-Ausgaben über den Zaun zu werfen. Nie ist eine große Autorenkarriere so schmählich abgestürzt.

Knut Hamsun gehört zu den ambivalenten Gestalten der Moderne, zu Schriftstellern wie Benn oder Céline: Autoren, die ästhetisch aufs Ganze gingen, alte Formen zerrissen und neue fanden; Autoren, bei denen sich das moralische Problem nicht im Sinn des mahnenden Zeigefingers, sondern der eklatanten eigenen Verfehlung stellt. Aber anders als ein Gottfried Benn war Hamsun kein Intellektueller. Er schrieb eine Prosa feinster Nuancen; in seinen Meinungsäußerungen gebärdete er sich dagegen oft so grobgeschnitzt wie möglich.

Schon der junge Hamsun war ein Trotzkopf von Format, ein Rebell aus gutem Grund. Nur 252 Tage hat er eine Schule besucht. Das Ressen-

Landwirt oder Dandy? Der Autor und Gutsbesitzer vor einem prächtigen Heuhaufen, 1930 auf Gut Nørholm.

timent gegenüber Menschen mit pflegeleichteren Bildungsgängen und bevorzugteren Biographien begleitete ihn ein Leben lang. Er hatte ein angeknackstes Verhältnis zu (akademischen) Autoritäten und zum städtischen Bürgertum. Geboren wurde er am 4. August 1859 als Knud Pedersen, in Lom, im südnorwegischen Gudbrandsdalen. Der spätere Eigentümer eines Gutshofs im klassizistischen Stil kam aus einfachsten Verhältnissen. Im Jahr 1862 zog die Familie nach Hamarøy an die Hamsund-Bucht, ein paar hundert Kilometer nördlich des Polarkreises, nahe den Lofoten. Der Vater versuchte als Kleinbauer den Böden zwischen Mai- und Augustfrösten ein bisschen Ertrag abzugewinnen; ansonsten verdiente er kärglich als Schneider. Es reichte nicht für die vielköpfige Familie. Die kränkelnde, nach sieben Geburten körperlich und nervlich zerrüttete Mutter zeigte allerhand Symptome, die für den späteren Verfechter einer Poetik der psychischen Inkonsistenz ebenso irritierende wie prägende Eindrücke gewesen sein mögen.

»Es ist mein Onkel, der die dauerhaftesten Spuren in meinem Gemüt hinterlassen hat«, schrieb Hamsun noch mit sechsundachtzig Jahren. Hans Ohlsen war ein frommer, wohlhabender Mann, Junggeselle und Sektierer; in seinen Vierzigern litt er bereits an der Parkinson-Krankheit. Er brauchte Hilfe, und so vereinbarten Hamsuns Eltern mit ihm, dass er den neunjährigen Knut bei sich aufnahm; ein Esser weniger. Knut hatte nicht nur harte körperliche Arbeit, sondern dank seiner schönen Schrift auch Schreibdienste zu verrichten. Und weil Hans Ohlsen nebenbei die Gemeindebücherei verwaltete, kam der Junge an Bücher und Traktate – die erste Anstiftung zum Lesen, der Anfang autodidaktischer Lehrjahre. Verstoßen fühlte er sich dennoch, unternahm Fluchtversuche, hackte sich einmal sogar mit der Axt in den Fuß; Selbstverstümmelung, um zu den Eltern zurückzukommen. Der strenge Onkel versuchte ihn mit Schlägen und Schikanen zu disziplinieren. Der ortsansässige Pastor sah über die Leiden des Jungen hinweg, worüber Hamsun seinerseits nicht hinwegsah. Fortan hielt er sich die Geistlichkeit auf Distanz. Pastoren sind meist negativ gezeichnete Figuren in seinen Werken.

Nach fünf Jahren brach Knut aus dem Sklavendienst bei seinem Onkel aus – und wurde zunächst Handelsgehilfe beim Großkaufmann Nicolai Walsøe, einem jener »Fjordkönige«, wie er sie in seinen Romanen immer wieder beschreiben sollte. Walsøe machte jedoch bald Konkurs, worauf Knut als Hausierer mit einem Bauchladen die Küste entlangzog. Diese Erfahrungen hat er später im ersten Band der *Land-*

links: Knut Hamsuns Vater Peder (1825 – 1907).

rechts: Hamsuns Mutter Tora Pedersen mit ihrem Enkel Tore, 1914 in Hamarøy.

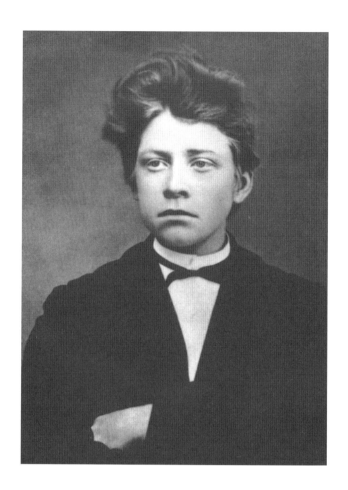

streicher-Trilogie verarbeitet. Neben Schnürsenkeln, Kämmen und Duftwassern hatte er auch Unterhaltungsliteratur im Angebot, Schmökerware, deren Muster seine ersten Schreibversuche bestimmten. Mit siebzehn publizierte er *Der Rätselhafte*, die Geschichte eines armen Jungen, der sich durch unvermutete Begabung auszeichnet und schließlich als Erbe eines großen Vermögens entpuppt: Wunscherfüllungsprosa. Heute werden für die 32 Seiten dieses Heftchenromans, den Hamsun an ortsansässige Fischer zu verkaufen suchte, bis zu 100.000 Euro gezahlt.

Die Eltern verordneten ihm etwas Bodenständigeres: eine Schuhmacherlehre, die er nach einem halben Jahr aufgab. Auch die Arbeit als Bürgermeister-Gehilfe und Aushilfslehrer befriedigte ihn nicht. Er schrieb eine weitere Novelle (*Bjørger*) und brach 1879 nach Kopenhagen auf, um seine Manuskripte dem Verleger Ibsens anzubieten. Mit der ersten von vielen Ablehnungen begannen die Hunger- und Wartejahre. Auf den städtischen Bühnen von Kopenhagen und Kristiania fühlte er sich wieder als ärmlicher Bauernjunge. Schrille Selbstinszenierung wurde seine Technik, sich interessant zu machen oder Defizite und Bildungslücken zu kaschieren. Er übte den Frontalangriff auf die angesagte Geisteswelt, insbesondere auf Ibsen mit seinen urbanen Ehetragödien und bürgerlichen Puppenheimen. Aber so sehr er sich auch als Provokateur und Genie stilisierte, seine eigenen Schreibversuche wurden von den Verlegern vorerst als Imitationen überholter Autoren abgetan. Mal gelang es ihm, Mäzene auf sich aufmerksam zu machen und Stipendien zu beschaffen, dann wieder schuftete er beim Straßenbau oder zählte Kiesladungen – ein vor Ehrgeiz vibrierender Literat, der gelegentlich Artikel in Zeitungen und Zeitschriften unterbrachte, seine vier Hemden übereinander trug und seine Hosen gegen die Kälte mit Zeitungen ausstopfte.

Norwegen war ein Land der Auswanderer – immer mehr Menschen überquerten den Atlantik, auf der Suche nach Zukunft. Viele fanden sie nicht; Hamsuns eigener Bruder Peder war ein abschreckendes Beispiel: ein herumziehender Musiker mit Alkoholproblemen. Dennoch reihte sich auch Hamsun ins Heer der Emigranten ein. Anfang 1882 ergatterte er eine Journalisten-Freifahrt nach Amerika. Er ging nach Elroy und suchte ein Auskommen als Ladengehilfe, Landarbeiter und Hilfsprediger. Dann verkaufte er Bretter in der Holzhandlung seines Freundes Henry Johnston in Madelia, wo er eines Nachts, allein in der Prärie-Einöde, überfallen wurde und eine nie gekannte »Angst«

oben: Knut Hamsun als Fünfzehnjähriger, trotzig und selbstbewusst die Pose.

unten: Der junge Herr Hamsun (ganz rechts) als Handelsgehilfe, 1875, im Kreis der Familie des Kaufmanns Nicolai Walsøe.

S/S „United States"
Naar Amerikabaaden kommer

erlebte – in der gleichnamigen Geschichte gab er später Auskunft darüber. Er hielt Vorträge vor skandinavischen Auswanderern, über norwegische Literatur und weltanschauliche Themen. In Minneapolis wurde er Sekretär des Schriftstellers und Sekten-Missionars Kristofer Janson, in dessen reichhaltiger Bibliothek er sich hastig durch die Weltliteratur las und Dostojewski entdeckte.

Er wurde lungenkrank; man prophezeite ihm einen raschen Tod. Der vierundzwanzigjährige Moribundus, der bisher offenbar jeder Versuchung widerstanden hatte, spürte eine »desperate Lust« ins Bordell zu gehen und ließ seine Uhr versetzen, um den finalen Spaß zu finanzieren. Doch es wurde nichts daraus. In der Folge entwickelte er eine seltsame Licht-Obsession. Eines Nachts zündete er die Vorhänge seines Zimmers an. Der Anblick des Feuers schaffte ihm erotische Befriedigung. Plötzlich verstand er die Lust eines Nero, Rom brennen zu sehen. Merkwürdige Entzückungen, wundersame Gemütszustände.

Im Herbst 1884 kehrte Hamsun nach Norwegen zurück, um sich in den Bergen von Valdres auszukurieren. Hustend und hungernd schrieb er Geschichten. Er verzichtete nun auf Kompensation durch Kolportage und wagte die literarische Selbstentblößung: Allmählich fand er einen geschmeidigen Ton, um den Bewegungen seines nervösen Ichs zu folgen. Aber der Durchbruch ließ auf sich warten. Hamsun verbrachte einen Hungerwinter in Kristiania. Auch das Geld für die Miete konnte er nicht aufbringen – er hatte nichts mehr, was er zum Pfandleiher geben konnte. Obdachlos und verschuldet, machte er sogar Bekanntschaft mit einer Polizeizelle. Im August 1886 schiffte er sich mit einer geschenkten Fahrkarte zum zweiten Mal nach Amerika ein. Diesmal ging er nach Chicago, schuftete dort beim Straßenbahnbau, schleppte Zement und Schwellen und war selbst eine Weile Fahrer und Schaffner bei der Kabelbahn. Von Chicago zog er weiter nach Minneapolis, schlief wie ein Tramp in Güterwaggons, suchte Arbeit beim Eisenbahnbau und auf den Großfarmen der neuen Investoren-Landwirtschaft. Hier lernte er ungeahnte Formen der Menschenschinderei und Ausbeutung kennen – den amerikanischen Alptraum. Sein Ressentiment gegen die »Angelsachsen« fand Nahrung.

Er erlebte die spektakulären Arbeitskämpfe, die es zu jener Zeit in den Vereinigten Staaten gab. Nach dem Haymarket-Riot Anfang Mai 1886,

oben: Nach Amerika! Postkartenmotiv eines Dampfschiffs der »Scandinavian America Line«, im Hafen von Kristiania (Oslo).

unten: Hauptstraße in Chicago, mit Kabelbahn, 1885. »Man hat mir eine glänzende Stelle als Kondukteur auf einer Kabelbahn versprochen, eine Stelle mit Zukunft. Lass Dir erzählen, was das ist. Hier hat man Straßenbahnen, die von selber fahren, ohne Pferde, ohne Dampf.« Hamsun 1886 in einem Brief an seinen Freund Erik Frydenlund.

Arbeitskämpfe in Amerika. Szene des
Haymarket Riots Anfang Mai 1886,
aus dem Magazin *Harper's Weekly* vom
15. 5. 1886.

auf den die internationale Tradition des 1. Mai-Feiertags zurückgeht, wurden vier vermeintliche Anarchisten, darunter der Herausgeber einer sozialistischen Zeitung, wegen eines Bombenattentats zum Tode verurteilt, obwohl ihre Beteiligung nicht nachgewiesen werden konnte. Eine Welle des Protests ging durch die internationale Arbeiterbewegung. Hamsun bekundete seinen Abscheu mit einem schwarzen Band im Knopfloch. Die Vereinigten Staaten waren für ihn fortan nur noch die »dicke demokratische Freiheitsdespotie«.

1888 kehrte er nach Europa zurück, wo in den Intellektuellenzirkeln über Nervosität und Seelenleben debattiert wurde. Das Neurotische und Krankhafte faszinierte, das »Unbewusste«, nicht erst von Freud entdeckt, wurde bestaunt und analysiert. Hamsuns forderte eine andere Psychologie in der Literatur, die nichts mehr mit stereotyper Charakterzeichnung und gesellschaftlich nützlicher Moral zu tun hätte, und traf den Nerv der Zeit. 1888 veröffentlichte er in der Avantgarde-Zeitschrift *Ny Jord* das *Hunger*-Fragment. Es wurde eine gesamtskandinavische Sensation, zumindest in Literatenkreisen. Die Medien hatten eine große Geschichte: Mitten in Kristiania wäre ein Genie fast verhungert!

Jetzt schnell die Aufmerksamkeit nutzen und den Roman fertig schreiben. Aber erst einmal dauerte der ganz reale Hungerzustand an. In Briefen an den Verleger Johan Sørensen schilderte Hamsun sein Elend und seine nervösen Ticks: »In den letzten Wochen musste ich ein Taschentuch um die linke Hand binden, während ich schrieb, weil ich meinen eigenen Atem darauf nicht ertragen konnte … Das ist eben Nervosität.« So erregte er Interesse und machte Vorschüsse locker. Mit dem Roman ging es trotzdem quälend langsam voran: »Jetzt erwarten natürlich alle, dass ich ein geniales Buch liefere, … und ich finde deshalb niemals, dass ich es gerade jetzt gut genug mache.«

Unterdessen wollte er auch als Meinungsmacher Aufsehen erregen. Er begann wieder, Vorträge zu halten, vor Anbruch des Kommunikationszeitalters noch eine publikumswirksame Form. Sein Thema: Amerika, ein explosives Gemisch aus eigenen Erfahrungen und Vorurteilen. Während man sich in Europa utopische Bilder der Neuen Welt zurechtschnitzte, hielt Hamsun provokativ dagegen: Amerika, das Land der Dampfhämmer, ein gigantischer Betrug! Er beklagte das niedrige Bildungsniveau und das Autodidaktentum – aus seinem Mund ein befremdlicher Vorwurf. Gewürzt wird die Kritik, die 1889

unter dem Titel *Vom Geistesleben des modernen Amerika* als Buch erschien, mit einer deftigen Prise Rassismus: »Die Neger aber bleiben Neger, ein Menschheitsbeginn aus den Tropen, Wesen mit Gedärm im Kopf.« Hamsun, der sich damals noch als Sozialist verstand, erwies sich erstmals als Reaktionär.

Dieses Foto schickte Hamsun 1886 an Freunde in der Heimat, um zu zeigen, wie »glänzend« es ihm in Amerika gehe.

Hunger

Roman
von
Knut Hamsun

Hungrig und mysteriös – der Durchbruch

Mal nennt er sich Andreas Tangen, mal Wedel-Jarlsberg. Den wirklichen Namen des jungen Selbstquälers erfahren wir nicht. Woher er kommt auch nicht. Nur soviel: In Kristiania sucht er unter schwersten Entbehrungen Anerkennung als Journalist und Schriftsteller. Er schreibt an einer Abhandlung über die *Verbrechen der Zukunft*. Kein Zweifel, wir haben es mit einem norwegischen Raskolnikow zu tun – schon sein Zimmerchen, ein »klammer, unheimlicher Sarg«, verweist literarisch nach Petersburg.

Hunger erschien 1890, ein Pionierwerk der literarischen Moderne und noch heute eine große Leseerfahrung, eine schwarze Komödie der Scham. Nichts findet der Hungernde verächtlicher als die Gier, die seinen eigenen Zustand spiegelt. Der Anblick einer Frau, die von den Auslagen einer Metzgerei allzu beeindruckt ist, widert ihn an: Der eine verbliebene Zahn in ihrem Mund »sah aus wie ein kleiner Finger, der aus dem Kiefer ragte, und ihr Blick war voll Wurst.« Vielfältig sind die Strategien, mit denen der Protagonist sein Elend vor der Mitwelt kaschiert. Wenn er besorgt gefragt wird, wie es ihm gehe, antwortet er mit Verve: »Doch, über Erwarten!« Der Stolz des Gedemütigten nimmt aberwitzige Züge an. Als ein Krüppel ihn um eine milde Gabe bittet, erträgt er es nicht, nichts zu geben. Rasch bringt er seine Weste zum Pfandleiher und drückt dem Krüppel das Geld in die Hand – um ihn sich »vom Hals zu schaffen«. Großspurig fügt er hinzu: »Es freut mich, dass Sie sich zuerst an mich gewandt haben.« Ist das nun eine gute Tat oder ihr Gegenteil? Auf jeden Fall ein Paradebeispiel für Hamsuns Kunst der Ambivalenz: Statt mit einem gradlinigen Motiv bekommen wir es mit einem Kreuzfeuer widerstreitender Antriebe zu tun. Hier ist das »Ich« nicht mehr Herr im eigenen Haus. Viele Autoren haben um 1900 mehr oder weniger schulmäßig eine Psycho-

Früher expressiver Buchumschlag von Thomas Theodor Heine zu Knut Hamsuns *Hunger*, Verlag Albert Langen.

Hamsun slagter vore Digtere.

Mit dem einen Fuß auf Ibsen und dem
anderen auf Bjørnson stehend: »Hamsun
schlachtet unsere Autoren.« Karikatur in
der norwegischen Zeitschrift *Korsaren*,
1897.

logie des Unbewussten zu inszenieren versucht. Keiner hat das »Ich«
so souverän entmachtet wie Hamsun.

Hunger zeigt ein neues Interesse an psychischen Grenzzuständen, die
bereits in einer Art Bewusstseinsstrom protokolliert werden. Mutlo-
sigkeit und Verzweiflung wechseln mit Attacken wilder Hoffnung und
wahnhafter Selbstherrlichkeit. Abgründige Komik macht sich geltend,
wenn der Hungernde von seiner Wirtin rausgeschmissen wird: »Bei
reiflicher Überlegung kam mir Frau Gundersens Kündigung einigermaßen gelegen. Dies war eigentlich kein Zimmer für mich. Hier waren
ziemlich ordinäre grüne Vorhänge vor den Fenstern. Der armselige
Schaukelstuhl dort in der Ecke war streng genommen nur der Witz von
einem Schaukelstuhl, über den man sich leicht kranklachen konnte.«
Solche Ironie, die sich nicht gegen die Außenwelt richtet, sondern die
eigene Misere preist, kehrte zwei Jahrzehnte später wieder in Robert
Walsers Diener-Roman *Jakob von Gunten*. Die Symptome des Hungers,
die mit klinischer Genauigkeit geschildert werden, sind hingegen
keineswegs spaßig. Wegen Schwindelgefühlen bleibt der junge Mann
ganze Tage im Bett, solange er noch eins hat. Die Haare fallen ihm in
Büscheln aus, die Sinne versagen, der Bauchschmerz ist unerträglich,
die Eingeweide rebellieren, und er muss sich »mal hier, mal da« auf der
Straße erbrechen, wenn er doch einmal etwas zu sich nimmt. Er kaut
auf Holzspänen herum und nuckelt an Steinen. Eine schauerliche Szene des beginnenden Auto-Kannibalismus schildert, wie der Hungernde im Dämmerzustand an seinen Fingern knabbert, bis Blut kommt.

Nach der Sensation des *Hunger*-Fragments war die Aufnahme des voll-
endeten Romans nicht so enthusiastisch, wie Hamsun gehofft hatte.
Der Verleger fürchtete, dass sich die Auflage von 2000 Exemplaren
nicht verkaufen würde. Den Autor selbst ärgerte vor allem, dass sein
Buch vielfach als soziale Anklage gelesen wurde. Das bizarre Verhalten,
die extremen Stimmungsschwankungen wurden als alleinige Auswirkungen des Hungers begriffen. Mit seinem nächsten Roman wollte
Hamsun zeigen, dass dies ein Irrtum war: »Ich denke jetzt an etwas,
das – Gott soll mich schützen – zum Extremsten gehören wird, das bis
heute auf Erden verfasst worden ist.«

Hamsun fiel auf, er provozierte. Seine ersten Bücher flankierte er mit
Vorträgen, in denen er die Größen der skandinavischen Literatur vom
Sockel zu ziehen versuchte. Jonas Lie: ein lieber Onkel. Bjørnstjerne
Bjørnson: ein Pädagoge für erwachsene Kinder. Alexander Kielland:

kann keine Psychologie. Ibsen: ein Typendichter, der seine Figuren
lächerlicherweise mit einem »dominanten Charakterzug« ausstattet.
Die Angegriffenen hüllten sich in vornehmes Schweigen. Ibsen feierte mit *Hedda Gabler* gerade in ganz Europa Theatererfolge. Als er im
Juli 1891 nach siebenundzwanzig Jahren nach Norwegen zurückkehr-
te, geriet seine Reise entlang der Küstenstädte zum Triumphzug. Wie
viele andere Größen des Literaturbetriebs kam er in einen der Vorträge Hamsuns. Auf einem Ehrenplatz in der ersten Reihe hörte sich
Ibsen ungerührt an, was für ein miserabler Autor er sei. »Wenn wir in
einem zivilisierten Land lebten, würden Studenten diesem Kerl den
Schädel einschlagen«, murrte er hinterher.

Es folgten die Jahre der Bohème; Hamsun hatte viel nachzuholen. Er
entdeckte den Alkohol, den er in Zeiten des Elends verschmäht hatte. Jetzt trank er alle unter den Tisch. Dank seiner eindrucksvollen,
inzwischen ein wenig angemessener bekleideten Erscheinung wurde
er von Frauen umschwärmt, eine neue Erfahrung. Er war eine Ästhe-
tenseele in einem Athletenkörper: »Hier laufe ich umher ... mit Mus-
keln wie Schiffstrossen, und doch habe ich, Gott möge mir vergeben,
so dünne und feine Nerven wie Spinngewebe.« Die Spinngewebsner-
ven waren seine literarischen Präzisionsinstrumente.

Kein Wunder also, dass der Held seines nächsten Romans nicht als
Darbender und Outcast daherkommt, sondern als Möchtegern-Über-
mensch. Der Kritiker Georg Brandes hatte Nietzsche 1888 in Skandina-
vien bekannt gemacht – Hamsun griff das Neueste auf. *Mysterien* (1892)
ist das Buch, mit dem er sich an die Spitze der europäischen Avantgar-
de schrieb. Inzwischen war das Publikum der naturalistischen Elends-
Inszenierungen und der sozialen Anklagen überdrüssig geworden
und suchte psychische Raffinessen. *Mysterien* bot sie im Übermaß.
Das Delirierende, Fieberhafte, Halluzinierende, wie man es von den
Bildern Edvard Munchs kennt – es bestimmt auch diesen Roman, mit
dem Unterschied, dass Hamsun viel Komik hinzugibt. Die Hauptfigur, der neunundzwanzigjährige Johan Nilsen Nagel, ist die Verkörperung der »Nervosität«, ein raffinierter Hysteriker, der sich selbst
unermüdlich inszeniert. »Es gibt zu wenig jähe Gemütsbewegungen
in der norwegischen Literatur«, hatte Hamsun beklagt. Nagels »Un-
beständigkeit« ist ein Hohn auf die Idee des »Charakters«.

Nagel ist ein zwanghafter Provokateur und Bluffer. Eines Tages taucht
er mit seiner gelben Kluft und einem Geigenkoffer voll schmutziger

oben: Kunstfreunde im Atelier: Hamsun
(mit Melone) betrachtet wohlgefällig das
Porträt, das Alfred Andersen (ganz rechts)
von ihm gemalt hat, Kristiania 1891.

unten: Leben der Bohème in Lillehammer,
Hamsun mit Schnurrbart nach Strindbergs
Vorbild, 1895.

»Es ist eine amüsante kleine Stadt, die Sie
hier haben ...« Lillesand an der Südküste
Norwegens war ein Vorbild für die Klein-
stadt, die Johan Nilsen Nagel in *Mysterien*
unsicher macht.

Wäsche in einem Küstenort auf. Großspurig lobt er »die amüsante kleine Stadt, die Sie hier haben«. Die Leute sind von ihm irritiert und befremdet. Auf den Partys verschreckt er die Herren und fasziniert die Damen mit bizarren Geschichten und romantischen Extravaganzen. Er mischt sich in die Angelegenheiten der Kleinstädter und stört ihre Rituale. Als er mitbekommt, wie der närrische Außenseiter Minute im Lokal Opfer für schlechte Späße und Sadismus wird, nimmt er sich seinerseits den Quälgeist so souverän zur Brust, dass es eine Lesefreude ist. In Wahrheit aber will auch er Minute beobachten und als Mörder überführen. Durch Nagels Manipulationen wird ein banales Gemeinwesen »mysteriös« – und er selbst zum Rätsel: »Ich gebe zu, dass ich ein lebender Widerspruch bin, und ich verstehe das selbst nicht.« Er ist ein leidender Menschendurchschauer, hat Gefühle offenbar bloß in Anführungsstrichen und ruiniert seine Liebe zur Pfarrerstochter Dagny Kielland. »Ich glaube Ihnen so gut wie gar nichts mehr«, meint sie irgendwann erschöpft. Nicht mal mehr die breiten Schultern nimmt sie ihm ab – die könnten ja aus Watte sein. Dagny ist im Übrigen mit einem tüchtigen Seemann verlobt; eine übliche Konstellation für Hamsuns romantisch-aussichtslose Liebesgeschichten.

Nagel, der »Ausländer des Daseins«, gibt Meinungen des Autors wieder: über die Masse und den Ausnahmemenschen, über Gladstone und die britische »Beefsteakmoral«, über den späten Tolstoi, der damals, nach seinen Triumphen als Großepiker, international als Weltweiser Aufsehen erregte und Entsagung predigte. Tolstois Lehren, so Nagel, seien »um keine Haaresbreite tiefer als das Hallelujageschrei der Heilsarmee«. Auch für die Sozialisten hat er nur Spott übrig: »Da saß nun dieser Marx und kritzelte die Armut aus der Welt – theoretisch.« Die Liberalen und Fortschrittler bekommen in Gestalt des Kleinstadt-Arztes ihr Fett ab: Sie vertreiben die Poesie aus der Welt und banalisieren das Leben. Andererseits ist die rückständige norwegische Provinz auch nicht nach Nagels Geschmack: »überall nur Läuse, Stinkkäse und Luthers Katechismus«. Er sehnt sich nach »delikater Ruchlosigkeit« und einem »ausgereiften Verbrechen«, schwadroniert vom »großen Terroristen« und der »vollständigen Ausrottung der Menschheit durch Blausäure«. Am Ende bringt er aber nur sich selbst um. Wer das Leben so wenig ernst nehmen kann, entzieht sich den Boden.

Mysterien ist das Buch eines Autors, der seine künstlerischen Mittel schlafwandlerisch sicher beherrscht. Zugleich wirkt es wie ein Akt inspirierter Improvisation. Das Faszinierende besteht darin, dass nicht

Fiebrige Nervenkunst: Edvard Munchs
Gemälde »Abend auf der Karl-Johan-
Straße«, der Pracht-Promenade von
Kristiania, 1892.

nur über Nagel erzählt wird, sondern dass die Sprache selbst in den Nagel-Zustand gerät: eine geschmeidige, geistreich flirrende Verunsicherungs-Prosa. Mag das Buch inhaltlich von Dostojewski beeinflusst sein – als Sprachkünstler ist Hamsun dem Russen überlegen. Sein Stil ist einer kunstvollen Natürlichkeit verpflichtet, einer sublimen Form des Mündlichen, voller Gesten, Gebärden und Gelächter, voller Understatement und Übertreibung, mit gleitenden Übergängen zwischen Erzählerbericht und (erlebter) Rede. Hamsun perfektioniert hier eine (auch von Joseph Conrad angewandte) Erzähltechnik, die Spannung schafft, indem sie die Neugier des Lesers immer wieder anstachelt: durch unzulängliche, unsichere Informationen. Das Erzählen bleibt dadurch in produktiver Unruhe. Es kommt nicht zu abschließenden Urteilen, weil jede Antwort neue Fragen aufwirft.

Die Kritik reagierte weiterhin verhalten. Hamsun setzte seine Wut über die norwegische Literaturszene, die ihn nicht gebührend anerkannte, daraufhin in zwei polemischen Romanen um. In *Redakteur Lynge* attackiert er einen Kritiker, dessen unerwartete Feindseligkeit ihn besonders enttäuscht hatte. Wichtiger ist jedoch der Roman *Neue Erde*. Nach dem Bürgerschreckbuch *Mysterien* kehrt Hamsun hier die Stoßrichtung um und liefert nun die Bohème von Kristiania dem Spott aus: Dichter mit dürrer Produktion, selbstverliebte Wichtigtuer, eingebildete Genies, Modeschriftsteller, opportunistische Stipendienjäger, die sich schon deshalb erhaben fühlen, weil sie keine »Bürger« sind. Nach den Exzessen der Nervenkunst in *Mysterien* macht sich Hamsun nun über die nervösen Ticks der Feinsinnigen lustig.

Sympathieträger des Romans sind zwei bürgerliche Kaufleute, tadellose, wortkarge Charaktere, die in protestantischer Ethik – wenn auch von den Künstlern belächelt – ihre Geschäfte machen und das Geld verdienen, das später den prekären Malern und Schriftstellern zugesteckt wird, nicht selten von den Ehefrauen der Geschäftsleute, die mit den Ästheten im Café sitzen und sich von deren Schwärmerei anstecken lassen. Wo der Kaufmann seine Existenz riskiert, hat der Künstler es lieber bequem. Einer der Dichter, Irgens, erweist sich als perfider Frauenheld, der die Geschäftsleute nicht nur um ihr Geld erleichtert, sondern ihnen zudem die vernachlässigten Gattinnen ausspannt. Es ist eine Konstellation, wie sie zehn Jahre später auch Thomas Mann – der von den frühen Werken Hamsuns stark beeinflusst wurde – in seiner berühmten Novelle *Tristan* ausphantasierte. Nur bleibt bei Thomas Mann der Unternehmer Klöterjahn, wie schon der

derbe Name zeigt, mindestens ebenso lächerlich wie sein ästhetisierender Gegenpart, der karikierte Schöngeist Detlev Spinell. Hamsun dagegen scheint sich im vollen Ernst auf die Seite der Tüchtigen zu schlagen. *Neue Erde* ist ein unterschätzter, provozierender Thesenroman – souverän gebaut und mit einiger psychologischer Feinarbeit. Allerdings werden auch wachsende Ressentiments deutlich: gegen Frauenemanzipation und Stadtkultur.

Metropolen-Eindrücke gewann Hamsun damals bei längeren Aufenthalten in Paris. Aber in der Hauptstadt des 19. Jahrhunderts wurde er mit seinen Defiziten konfrontiert. Er beherrschte die Sprache nicht, und das hohe Aufkommen von gebildeten, wohlstudierten Menschen weckte seine alten Minderwertigkeitsgefühle. Umso selbstherrlicher klangen manche seiner Briefe. »Ich bin ein großer Mann in Paris, ich schlage Ibsen tot. Begraben Sie ihn«, schrieb er an seinen dänischen Verleger. Ein junger Autor mit Killerinstinkt. In Paris lernte er den anderen großen skandinavischen Dramatiker kennen, der ihm sehr viel mehr bedeutete, den er verehrte: August Strindberg. Im Winter 1894/95 ergab sich beinahe eine Freundschaft. Sie gingen spazieren, monologisierten um die Wette und schmiedeten Pläne, um an Geld zu kommen: Als Straßenmusiker wollten sie nach Schweden ziehen. Strindberg sollte Gitarre spielen, Hamsun singen. Dass ein Genie wie Strindberg dermaßen verarmt war, ärgerte Hamsun. Er rief zu einer Sammlung auf. Das empfand Strindberg wiederum als kränkend; er beendete die Freundschaft.

Finanziell stand auch Hamsun in diesen Jahren noch nicht auf festen Beinen. Seine Bücher verkauften sich nur schleppend, ein Stipendium wurde ihm verweigert, weil man eine seiner Erzählungen als »unmoralisch« empfand. In Deutschland aber wurde er allmählich berühmt: Thomas Mann und Frank Wedekind publizierten einen Spendenaufruf für ihn, nachdem sie von der Ablehnung des Stipendiums erfahren hatten. Anders als Strindberg war Hamsun keineswegs beleidigt. Seine Liebe zu Deutschland war bald durch nichts mehr zu erschüttern, zumal er in Paris einen Deutschen kennenlernte, der für seine weitere Karriere entscheidend war: Albert Langen, Erbe eines Kölner Zuckerfabrikanten, ein Playboy mit künstlerischen Ambitionen. Für *Mysterien* gründete Langen einen Verlag. Eine der wichtigsten Verleger-Beziehungen Hamsuns kam auf den Weg.

oben: »Ein überlegenes Talent, ein Gehirn zu Pferde, das seine eigenen Wege reitet« – so pries Hamsun August Strindberg, mit dem er 1885 als Straßenmusiker durch Europa ziehen wollte.

unten: Albert Langen, hier mit der von ihm begründeten Satire-Zeitschrift *Simplicissimus*, wurde überhaupt erst Hamsuns wegen zum Verleger.

Pan und Polemik

In der Kunsthauptstadt Paris sehnte sich Hamsun zurück nach den Natur-Erfahrungen seiner Jugend. Und begann das Buch zu schreiben, dessen musikalische, lyrisch verdichtete Prosa auch die letzten Skeptiker überzeugte. Der Roman *Pan* war besonders in Deutschland ein Erfolg. Man verstand ihn hier als nordische Ausprägung des Jugendstils und sah in Hamsun einen Fortsetzer der Romantik als Protestbewegung gegen die Moderne.

Die Hauptfigur, der dreißigjährige Leutnant Glahn, ist etwas zivilisationsmüde, er versucht sich als Waldgänger und verbringt den Sommer 1855 in einer Hütte hoch oben im norwegischen Norden. Das Vorleben dieses Aussteigers wird mit keinem Satz thematisiert. Stattdessen liest man stimmungsvolle Beschreibungen, die Glahns schwärmerisches Naturerleben im Land der Mitternachtssonne vergegenwärtigen. Wir begleiten den schießfreudigen Jäger auf seinen Streifzügen in der Herrgottsfrühe. Das romantische »Zurück zur Natur« hat allerdings Grenzen: Eigentlich ist Glahn ja bereits ein moderner Tourist. Eine »Waschfrau« steht ihm zur Verfügung, die auch Einkäufe und Haushalt erledigt. Und abends wird gefeiert in der nahen Handelsstation. Dort trifft er immer wieder Edvarda, die sechzehnjährige Tochter des schwerreichen Kaufmanns Mack.

Pan ist der bocksfüßige Gott der Hirten und Jäger, dem gewaltige Lüsternheit zugeschrieben wird. Und so entwickelt sich *Pan* zur großen Geschichte einer kapriziösen Sommerliebe. Edvarda und Glahn können allerdings zueinander nicht finden. Auf jede seiner Annäherungen und Liebesbeteuerungen folgt ihr Zurückweichen, auf jedes Zurückweichen die neue Lockung. Zwar wartet Edvarda auf den Mann ihres Lebens, das soll nach der Vorstellung des Vaters aber kein hergelaufener Leutnant oder Naturbursche sein. Als sich ein mit Naturwis-

Bildnis Hamsuns im Jahr 1891, gemalt von Alfred Andersen.

senschaften beschäftigter Baron einstellt, gerät Glahn außer sich. Seine Eifersucht verstärkt die Neigung zu selbstschädigenden Handlungen. Bei einer Bootsfahrt wirft er Edvardas Schuh ins Wasser, bei anderer Gelegenheit schießt er sich selbst in den Fuß, um so pittoresk humpeln zu können wie einer seiner Nebenbuhler.

In Hamsuns erotisch aufgeladenen Wäldern findet sich alles, was zur Innenausstattung des sensiblen Menschen im Fin de Siècle gehört: die zerrütteten Nerven, die »Neurasthenie«. Wenn Glahn mit dem »Tierblick«, der ihm mehrfach von den Damen attestiert wird, zwischen den Bäumen umherpirscht, ist immer ein spazierendes Mädchen in der Nähe. Außerdem gibt es noch die Frau eines Schmieds, bei der er sich sexuell entschädigt für die Kompliziertheiten Edvardas. Bis er diese Eva aus Versehen umbringt – eigentlich wollte er ja nur den »Baron« mit einem kunstvoll vom Berg gesprengten Steinschlag erledigen. Bösartige Anwandlungen sind dem liebeskranken Waldgänger keineswegs fremd. Als Edvarda ihn zum Abschied um seinen geliebten Hund Äsop bittet, erschießt er das Tier und lässt ihr den Kadaver überbringen.

Auch in *Pan* verfolgt Hamsun seine innovative Menschendarstellung. Es war das Ideal des realistischen Romans, die Figuren psychologisch durchsichtig zu machen. Ihre Motive durften nicht im Dunkeln bleiben. In der Moderne wurden die literarischen Charaktere komplizierter, und die Erzähler mussten immer weiter ausholen, bis hin zu den analytischen Exzessen Prousts. Hamsun schlug einen anderen Weg ein. Nichts verachtete er mehr als die herkömmliche Seelenkunde, die für alles gute Gründe zu nennen weiß. Im Inneren seiner Figuren glüht kein vulgärpsychologisches Lämpchen. »Ich träume von einer Literatur, bei deren Menschen die Inkonsequenz ein Grundzug ist« – so lautet seine Devise. »Ich werde meinen Helden lachen lassen, wenn rationale Menschen meinen, er müsste weinen. Und warum? Weil mein Held kein Charakter ist, kein ›Typ‹, der nach den Theorien irgendeiner Schule lacht und weint, sondern ein komplexes, modernes Wesen.« Das war für Hamsun mehr als eine literarische Strategie. Als er nach 1945 wegen seiner Kollaboration mit den Nazis zur Rechenschaft gezogen wurde, sollte er dem Gerichtspsychiater seinen eigenen Charakter beschreiben. Er antworte, dass er Hunderte von Figuren geschaffen habe, die alle keinen »Charakter« hätten. Die seien mal so und mal so, unberechenbar. Und so sei er selbst auch. Hamsuns Werke verabschieden die Fiktion vom Charakter.

»Kinder? Das reine Wunder! Und wenn das Alter kommt – die einzige Freude, die letzte Freude.« *Die letzte Freude*. Hamsuns Ehefrauen: Bergljot Göpfert (links) mit Tochter Victoria im August 1902 und Marie Hamsun (rechts) mit Sohn Tore, 1914.

Lesung vor Arbeitern – oder der strenge
Bauherr mit dem Plan in der Hand?
Hamsun im Kreis der Handwerker vor der
Baustelle von Haus *Maurbakke*n (Ameisen-
hügel), 1905.

Wie seine Helden Nagel und Glahn war Hamsun selbst ein Dreiecks-Erotiker. Immer wieder reizte ihn die vergebene Frau – Liebe im Grenzbereich von Macht- und Unterwerfungsgelüsten. Bergljot Göpfert war die Frau eines anderen, als er sich 1897 in sie verliebte, Tochter eines Schiffbaukonstrukteurs und unglücklich mit einem Geschäftsmann verheiratet, der einen Hang zu Seitensprüngen hatte. Bald konnte man sich auf eine Scheidung verständigen. Von anderer Seite wurde die neue Liebe Hamsuns argwöhnisch beobachtet. Eine gewisse Anna Munch war ihm auf ungute Weise verfallen und störte die Beziehung durch anonyme Briefe und üble Nachrede: Hamsun sei ein Verführer und Scharlatan, der seine Bücher nicht selbst geschrieben habe. Der dünnnervige Meister der psychologischen Intrige, nun selbst Manipulationen à la Nagel ausgesetzt, entwickelte Paranoia und sah überall bestellte Verfolger.

Hamsun und Bergljot heirateten 1898. Literarische Frucht dieser Zeit ist der kleine Liebesroman *Victoria*, der lange zu den meistgelesenen Büchern Hamsuns gehörte. Inzwischen feierte er auch Erfolge als Theaterautor. Die Ehe gelang weniger gut. Das Paar reiste nach Russland und in den Kaukasus, wo sich Hamsun wieder mal über die Präsenz der Engländer ärgerte, dieser hochnäsigen, allzu selbstbewussten Weltkolonisten. Auch der mit hohen zivilen Opfern und einer Strategie der verbrannten Erde geführte Krieg der Briten gegen die Buren war in diesen Jahren ein großes Thema. Als Hamsun und Bergljot nach Kristiania zurückkehrten, wurden die Differenzen unübersehbar. Bergljot wohnte bei ihrem Vater, Hamsun in Pensionen. Dieses schweifende Leben in gemieteten Zimmern sollte über viele Jahre zu den Produktionsbedingungen seines Werkes gehören. Er schrieb unterwegs – auch in diesem Sinn sind seine Bücher Werke der Unruhe. Aber er setzte sich nicht nur ab, um zu arbeiten. Auf seinen mitunter tagelangen Gelagen in Kristiania pflegte er die Exzentrik. Einmal kaufte er einem vorbeifahrenden Bauern den Heuwagen ab und setzte darauf die Zechtour fort. Wenn er kein Geld hatte, tat er so, als käme es nicht darauf an. Wenn er viel hatte, gab er es mit vollen Händen aus: Großzügigkeit gehörte zu seiner Selbstinszenierung. In den Casinos von Ostende verfiel er der Spielleidenschaft und verzockte ungehemmt auch das Vermögen seiner Frau.

1902 wurde die gemeinsame Tochter Victoria geboren. Hamsun flüchtete vor dem Kindergeschrei wieder in die Pensionen. Als blutende Hämorrhoiden mehrere Krankenhausaufenthalte nötig machten, kur-

sierte in Deutschland das Gerücht von seinem Tod. Hamsun ließ dementieren; in den letzten Zügen lag allerdings seine Ehe. Während 1903 alle Zeitungen voll waren von Ehrenartikeln zum 75. Geburtstag seines Lieblingsfeindes Ibsen, befand er sich in einer schweren Mid-life-Crisis. Dennoch gelang ihm in dieser Zeit ein leichtes, heiteres Buch. In *Schwärmer* (1904) fand er erstmals den epischen Ton, der seine späteren Romane bestimmen sollte. »Doch nun war abermals Frühling … Er trieb nicht nur die Schöpfung zum Äußersten, nein, er blies auch mit würzigen Winden in unschuldige Nasenlöcher.« Auch wenn es hier erneut um eine kapriziöse Hauptfigur geht, den unberechenbaren Telegraphisten, Fischleim-Erfinder und Charmeur Ove Rolandson, so weitet sich der Blick nun ins Panoramatische. Das gesellschaftliche Umfeld ist mehr als nur die Bühne für die Auftritte des Helden. *Schwärmer* ist eine Komödie der Liebe mit vielen Täuschungsmanövern, die hier einmal zum guten Ende führt.

1905 ließ sich Hamsun ein stattliches Haus bauen, die Villa Maurbakken (»Ameisenhügel«) – ein letzter Versuch, die Beziehung mit Bergljot zu stabilisieren. Vergeblich. Er trank noch mehr, war kaum zu Hause und wurde Anfang 1906 zitternd und weinend in einem Hotelbett gefunden. Der psychische Zusammenbruch und der folgende Klinikaufenthalt markierten das Ende von Hamsuns erster Ehe.

Zwei Jahre später verliebte er sich in eine junge, attraktive Schauspielerin, die ohne Trauschein mit dem Leiter einer Theatertruppe zusammenlebte. Wieder reizte ihn eine »Vergebene«, dazu eine Frau aus dem verachteten Theatermilieu, mehr noch, eine Studierte, die ein paar Jahre als Lehrerin gearbeitet hatte. Als Marie Andersen den berühmten Autor kennenlernte, dessen Rollen sie spielte, war es bald um sie geschehen. Nicht weniger schnell errichtete Hamsun ein Regime der Eifersucht. Zunächst durfte Marie »gewisse Leute« nicht mehr grüßen; dann sollte sie nicht nur den Geliebten, sondern auch das Theater schnellstens aufgeben. Als Dore Lavik, Maries Lebensgefährte, schwer erkrankte und – wie von Hamsun bestellt – an den Komplikationen einer Nierenbeckenentzündung starb, verbot er Marie zuletzt noch die Besuche am Krankenbett und die Teilnahme an der Beerdigung. Ihr schlechtes Gewissen konterte er mit Vorwürfen: Sie liebe ihn nicht genug, habe ihn mit Details der fünfjährigen Beziehung gequält – die er freilich selbst aus Marie herausgefragt hatte. Getreu der eigenen Devise, dass es »in der Liebe keine Harmonie« gebe, versuchte er Marie zu unterwerfen.

»Fragt jemand, was die Liebe ist, so ist sie nichts als ein Wind, der in den Rosen rauscht und dann wieder dahin stirbt.« *Victoria*. Zweite Ehe. Marie und Knut Hamsun heiraten am 25. Juni 1909. Er ist fast fünfzig, sie siebenundzwanzig Jahre alt.

Wenn die Kinder weinten, konnte er nicht
schreiben. Marie und Knut Hamsun mit
den Kindern Arild, Tore und Ellinor, 1917.

Er fasste den Entschluss, einen Bauernhof zu kaufen. Das gesunde Landleben würde die junge Frau dem Theaterbetrieb und den Einflüssen der Stadt entziehen. 1911 erwarb er das kleine Gut Skogheim in seiner alten Heimat Hamarøy. Auch für ihn selbst verband sich damit ein ethisches Programm: »Ich war von all den Feinheiten, die ich mir in vielen Jahren angewöhnt hatte, verdorben worden, musste erst wieder zum Bauern zurückstudieren«, heißt es im Roman *Gedämpftes Saitenspiel*. Er wollte endlich ein nützliches, sinnvolles Leben führen, wollte seine überreizten Nerven und seine Melancholie kurieren. Aber bald meldete sich der literarische Impuls zurück, und er ging monatelang auf Reisen, um zu schreiben. Die Erntearbeit wurde von ihm brieflich koordiniert, wenn überhaupt: Bitte die Rüben einbringen, bevor der Frost kommt, und nicht vergessen, die Kartoffelkeller zu lüften! Und für die Kuh einen neuen Trog anschaffen! Einen »Bauerndichter« dieser Art hatte die Welt noch nicht gesehen.

Der arbeitsreiche Hof blieb Marie überlassen. Dazu kamen die vier Kinder, erst zwei Jungen, dann zwei Mädchen, in rascher Folge geboren zwischen 1912 und 1917. Kurz vor der Geburt des ältesten Sohnes Tore war der inzwischen zweiundfünfzigjährige Hamsun rechtzeitig so weit verreist, dass er auf keinen Fall hinzugezogen werden konnte. Stattdessen schickte er zwei Tage später ein Telegramm. Und eine Kiste Blutorangen. Er ließ weitere zwei Monate verstreichen, bevor er heimreiste und den Nachwuchs zufrieden in Augenschein nahm. Für Marie waren die langen Abwesenheiten Hamsuns der Keim wachsender Unzufriedenheit. Die Kinder erinnerten sich später an einen prinzipiell kinderlieben Vater, der allerdings nicht gestört werden durfte und oft auf Reisen war. Wenn Kinder weinten, konnte er nicht schreiben – nicht wegen des Lärms, sondern weil es ihm zu sehr ans Herz ging.

Nach dem Tod Ibsens (1906) und Bjørnstjerne Bjørnsons (1910) war in Norwegen der Thron des literarischen Volkspädagogen verwaist. Hamsun, der so lange die didaktische, moralisierende Literatur verspottet hatte – ein Roman sei keine Hausapotheke –, bekam nun ordentlich Lust, seinen Landsleuten den richtigen Weg durch die Schikanen der Moderne zu zeigen. Da gab es zum Beispiel das Problem des Tourismus. Immer mehr Fremde kamen angereist, um an norwegischen Fjorden und in Berghütten Erholung zu suchen. Das gefiel ihm nicht, zumal es sich überwiegend um Briten handelte. Erbhöfe zu Hotels – das durfte nicht sein. Er schrieb scharfzüngige Artikel,

Mal Bauer, mal Bürger; mal Naturbursche,
mal Bohemien; mal Wanderer, mal Villen-
bewohner. 1917 gibt Hamsun vorüber-
gehend das Landleben auf und zieht mit
Marie in die Apothekervilla in Larvik,
südwestlich von Oslo.

in denen er seinen Norwegern empfahl, die Hände aus den Taschen zu nehmen und zu arbeiten (Sümpfe trockenlegen, das Nordland besiedeln!), damit sie nicht zu einem Volk der Kellner und Hotelwirte würden.

Zu Hamsuns Widersprüchlichkeit gehört es, dass er bei der Figurendarstellung für Inkonsistenz plädiert, in seiner zeitkritischen Publizistik aber äußerst konsistente Ansichten entwickelt. Als Romanautor verfolgt er eine Poetik der Inkonsequenz; als Zeitkritiker folgt er seinen fixen Ideen mit unerbittlicher Konsequenz. Die Grenze ist allerdings durchlässig. Auch in den Romanen findet man seine »strong opinions«, etwa in *Die letzte Freude*, dem dritten Band der *Wanderer*-Trilogie aus dem Jahr 1912. Hier wird der Ich-Erzähler mit Hamsuns Lieblings-Aversionen ausgestattet: gegen die Engländer, gegen den Tourismus, gegen Bildung für Frauen.

Der Wanderer ist eine widerspruchsvolle Figur: ein Städter, der übers Land zieht, ein Künstler, der als Tagelöhner arbeitet, ein Kulturmensch, der den Naturburschen gibt. Er ist ein Voyeur auf der Suche nach dem Authentischen, ein Spion des Lebens. So beobachtet er die Sommergäste unterhalb der Torezinnen, belauscht ihre Gespräche. Ein dubioser Rechtsanwalt preist die Schweiz: »Dort gab es Hotels, dort verstand man die Kunst, Reisende zu behandeln!« Ihm wird entgegnet, der Schweizerkäse rieche »nach Touristenzehen«. »Da sitzen sie Geschlecht auf Geschlecht und feilen Uhrenräder und führen die Engländer auf ihre Gipfel.« Der Ton gegen die Briten wird schärfer: eine Nation von »Wettläufern« und »perversen Sportgehirnen«, die das »gesunde Schicksal aus Deutschland eines Tages zu Tode züchtigen wird«.

Im Mittelpunkt von *Die letzte Freude* steht eine »emanzipierte« Frau. Eine Studierte, eine Lehrerin, Fräulein Ingeborg Torsen. »Wir wollen selbstständig werden und viel Geld verdienen. Jawohl, ja freilich«, meint sie. »Ein erwachsenes, ewiges Schulmädchen hatte mich unterhalten, eine, die sich das Leben wegstudiert hatte«, findet dagegen der Ich-Erzähler. Aber sie kann erlöst werden: Nachdem sie eine Affäre mit einem Schauspieler (!) absolviert hat, nimmt sich ein Schreiner und Bauer ihrer an. Auch aus modernen Frauen lässt sich beizeiten noch eine Mutter machen. Kinder sind »die letzte Freude«. Hamsun hat sich weit entfernt von dem unverbindlichen Liebesmachtspiel seiner frühen Werke. Im Leben und in der Literatur ist er zum Sänger

S.M.S. „Deutschland u. Schleswig-Holstein
im Sognefjord (bei Fretheim) Norwegen.

fruchtbarer Mütterlichkeit geworden. »Ich gebrauche meine Frau wie ein Eber«, protzt er in einem Brief.

In seiner Publizistik entwickelte er polemische Auffassungen zum Verhältnis von Eltern und Kindern. Diese seien den Eltern nichts schuldig, schließlich hätten sie nicht darum gebeten, geboren zu werden. Er verwarf das Vierte Gebot: Statt die Alten zu ehren, habe man den Kindern mehr Respekt entgegenzubringen. »Die Kindheit ist die härteste Zeit im Menschenleben.« Er selbst hatte als Kind die Abschiebung zum Onkel als Verrat empfunden, und als 1907 sein Vater starb, fuhr er nicht einmal zur Beerdigung. Auch das Wiedersehen mit der vergreisten Mutter einige Jahre später stimmte ihn nicht milde, sondern war der Anlass, seine Auffassungen im Pamphlet *Ehret die Jungen!* noch zuzuspitzen. Das Alter sei ein Zustand der Auflösung, nicht des Ansehens, der alte Mensch eine Verzerrung, ein schmähliches Überbleibsel. »Ein altes Tier, ein altes Pferd beispielsweise, wird niemals dermaßen verunstaltet wie ein alter Mensch.« In der Tat: Tiere in freier Wildbahn haben kaum die Chance, alt zu werden.

Heftig umstritten war der Artikel *Das Kind* (1915). Hier erregte Hamsun sich darüber, dass eine Frau für die Tötung ihres Neugeborenen mit nur acht Monaten Haft bestraft wurde. »Hängt beide Eltern, merzt sie aus!«, forderte er – immerhin vergaß er nicht, den Vater des Kindes miteinzubeziehen. Viele widersprachen ihm, etwa die Autorin Sigrid Undset, und verwiesen auf die sozialen Umstände. Hamsun verspottete diese milde Denkungsart. In seinem gerade entstehenden Roman *Segen der Erde* ereignen sich in der eben doch nicht so idyllischen Provinz zwei Kindsmorde. Die weibliche Hauptfigur Inger tötet ihr Kind gleich nach der Geburt, weil es – wie sie selbst – mit einer Hasenscharte gezeichnet ist. Sie kommt für mehrere Jahre ins Gefängnis, wo sie lesen lernt und die Hasenscharte operiert wird, so dass sie als deutlich attraktivere Frau aus der Haft zurückkehrt. Noch skrupelloser tötet Babro ihr Kind. Wenn es im zweiten Teil des Romans zur Gerichtsverhandlung kommt, ergeben die Auftritte von Staatsanwälten, Verteidigern und einer Frauenrechtlerin ein satirisch dargestelltes Komplott gegen das gerade geborene Leben. Das Verständnis für die Nöte von Frauen, die in ungesicherten Verhältnissen unerwünschte Kinder zur Welt bringen – jenes Verständnis, das Hamsun in seinem Artikel einfach nicht aufbringen wollte, wird hier in perfidem Übermaß vorgeführt.

Mit Ausbruch des Ersten Weltkriegs wurde Hamsun, für dessen Autorenkarriere der frühe Erfolg in Deutschland entscheidend gewesen war, zum kompromisslosen Parteigänger der Deutschen. Im Dezember 1914 schrieb er: »Warum ist es nicht weniger als eine natürliche Unvermeidlichkeit, dass Deutschland eines Tages über England triumphieren wird? Die Deutschen, als das gesunde, blühende Volk, das sie sind, haben einen hohen Geburtenüberschuss, Deutschland braucht Kolonien.« Deutsche Fotopostkarte vom Sognefjord, 1916.

Während des Ersten Weltkriegs erfreute Hamsun das deutsche Publikum mit solidarischen Beiträgen. Im *Simplicissimus* stellte er das niedergehende England gegen das vor Kraft und Jugend strotzende Deutschland. Die Engländer hätten bereits zu viele Kolonien, das geburtenstarke Deutschland dagegen legitimen Nachholbedarf. Hamsun argumentierte wie heutige Youth-bulge-Theoretiker: Nichts könne »den deutschen Geburtenüberschuss aufhalten«, schrieb er. »Ich hoffe jetzt auf Deutschlands Sieg.« Mit den markigen antibritischen Zitaten aus *Die letzte Freude* konnte der Verlag Albert Langen gut Werbung für seinen Autor machen. Bitter war es für Hamsun allerdings, dass sich Victoria, seine Tochter aus erster Ehe, nach dem Krieg ausgerechnet mit einem Briten verlobte: Déderick Charlesson, Weltkriegs-Offizier und Sohn eines Konsuls. Ein langjähriger Bruch war die Folge.

Hamsun reitet in die Schlacht,
Foto von 1914.

Gutsherrliche Meisterwerke – Jahre des Weltruhms

Hamsuns Bücher kommen aus der Nacht: »Ein großer Teil dessen, was ich geschrieben habe, ist in der Nacht entstanden, wenn ich ein paar Stunden geschlafen habe und aufwache. Mein Gehirn ist dann völlig klar und äußerst empfindsam für Eindrücke. Ich habe immer Papier und Bleistift an meinem Bett liegen, zünde auch kein Licht an, sondern fange sogleich im Dunkeln an zu schreiben, wenn ich spüre, dass etwas auf mich einströmt.« Am Morgen entziffert er seine nächtlichen Dunkelschriften. Dass er bei dieser Produktionsweise in der Ehe auf getrennten Schlafzimmern bestand, wundert nicht.

Seine Romane baut er aus Unmengen von Notizen. Die Konstruktion der Fabel ist eher nebensächlich, was einigen seiner Bücher zum Nachteil gerät. Vor allem die *Wanderer*-Trilogie hat an der Unkoordiniertheit des Plots gelitten. Umso erstaunlicher ist der kreative Schub, der Hamsun in den nächsten zehn Jahren von einem Meisterwerk zum nächsten trägt. Bisher waren seine Romane, mit der Ausnahme von *Mysterien*, eher schmal im Umfang. Nun erst wurde er zum Großepiker. Aus kleinen Schreib-Portionen schichtete er umfangsstarke Werke.

1915 feierten Kritik und Publikum *Die Stadt Segelfoss* – die überlegene und eigenständig zu lesende Fortsetzung des zwei Jahre zuvor erschienenen Romans *Kinder ihrer Zeit*. Es ist Hamsuns bestes Buch seit *Pan*, das figurenreiche Porträt einer kleinen Küstenstadt, eine gelungene Verbindung von sozialem Roman und menschlicher Komödie. Arbeiter und Bürger, Fischer und Kaufleute, Handwerker und Künstler werden wunderbar lebendig geschildert; eher satirisch dagegen der Blick auf die akademischen Honoratioren, auf Ärzte und Rechtsanwälte. Es gibt einen Karriere-Theologen, dem Hamsun eine

»Sie erheben mich sehr hoch und ich verliere den Boden unter den Füßen, der Saal braust mir davon. Es ist nicht gut, jetzt ich zu sein, ich bin heute Abend an Ehren und Reichtümern satt geworden, aber die letzte Huldigung war eine Welle, bei der ich ins Schwanken gerate«, so Hamsun 1920 in seiner Nobelpreisrede. Hier beim Hissen der norwegischen Flagge vor seinem Haus.

Aftenposten

Nr. 559 | Morgennummer | Fredag 12te november 1920 | Morgennummer | 61. aarg.

Knut Hamsun har faaet Nobelprisen for 1920.

Knut Hamsun.

Stockholm, 11te november.

Den fra 1919 reserverede Nobelpris i literatur er af det svenske akademi paa et møde idag tildelt den schweiziske digter Carl Spitteler. Prisen for 1920 er tildelt den norske forfatter Knut Hamsun.

Nobelprisen faar er vel 190,000 kroner.

Nobelprisen for aaret 1920 udgjøremsst i norske kroner bliver gjør i svenske kroner 134,190.27, summen 192,453.85.

Kristian Elster.

Statsraad Lovland udtaler sig.

"Vi er alle glade over at prisen er tildelt Hamsun."

Knut Hamsun

Hamsuns fødested, Garmotrmet i Lom.

Sidste billede af Hamsun med familie.

ausgiebige Gelehrten-Parodie widmet, bei der er auch den Nationalismus aufs Korn nimmt: Seit dieser Mann »in Segelfoss gewesen war, hatte das ›Urnorwegische‹ einen stolzen Aufschwung genommen, es war gewichtig, wenn dieser gelehrte und berühmte Geistliche für das Urnorwegische eintrat, ja, sogar Gottes Wort in Urnorwegisch verkündete.« Sympathischer erscheint der ortsansässige Pfarrer, der allerdings hauptsächlich mit Tischlerarbeiten beschäftigt ist.

Im Zug der Modernisierung sinken Oberschichten ab; neue Eliten entstehen. Der Roman spiegelt den gesellschaftlichen Wandel. Dafür steht exemplarisch Tobias Holmengraa, einer von Hamsuns interkontinentalen Selfmade-Männern, der in Mexiko zu Geld gekommen ist: ein Zivilisationsbringer, der Bauern und Fischer in Proletarier verwandelt. Es ist ein Mann, den Hamsun eigentlich verabscheuen müsste. Aber unter der Hand lässt er sich von seiner Figur faszinieren, so wie es später, in der *Landstreicher*-Trilogie, mit dem Weltumsegler August passieren wird, der Verkörperung von Geschäftsgeist und frühkapitalistischer Umtriebigkeit. Tobias, der »Fjordkönig« der Stadt, war in *Kinder ihrer Zeit* auf die soziale Spitzenposition hochgerückt, die vormals nur Aristokraten innehatten. Nun wird auch seine Position untergraben, vom Geschäftsmann Theodor paa Bua, der neuen Größe im Ort. Mit seinen zumeist überflüssigen Produkten krempelt der »Laden-Theodor« das Leben in Segelfoss um; seine Fabrikwaren tragen zum Niedergang des Handwerks bei. Indes ist auch er eine überraschend freundlich gezeichnete Figur, schon aus Kontrastgründen. Denn die dunkelste, übelgelaunteste Gestalt in Hamsuns Gesamtwerk ist Theodors Vater Per, ein greiser Familien-Terrorist, der halb gelähmt auf dem Dachboden haust wie eine Beckett-Figur und brüllend und stampfend den Sohn schikaniert. Hier hat Hamsun offenbar seinem Onkel ein literarisches Denkmal gesetzt – und seine Polemik gegen die Alten Gestalt werden lassen. Es ist einer dieser unerbittlichen Vater-Sohn-Kämpfe, wie sie Kafka zur selben Zeit phantasmagorisch beschrieb.

Während Hamsun in seinen Artikeln einseitig gegen die negativen Seiten von Verstädterung, Industrialisierung und Demokratisierung polemisiert, bringt er diese Themen in *Die Stadt Segelfoss* in ihren Zwiespältigkeiten und Ambivalenzen zur Darstellung. Die konservativ-reaktionären Botschaften, die man aus seiner Publizistik destillieren und auf die Werke projizieren kann, sind von unvoreingenommenen Lesern in dieser Undifferenziertheit hier nicht zu finden. Der

oben: Knut Hamsun im Winter 1925 während eines Besuchs in Bødo, nördlich des Polarkreises.

unten: Die norwegische Tageszeitung *Aftenposten* widmet am 1. November 1920 die ganze Titelseite der Verleihung des Nobelpreises.

Roman wurde von manchen Interpreten als bitterer, antimoderner Abgesang auf eine zerfallende Gesellschaft verstanden – heutige Leser mögen sich eher an den poetischen Erinnerungs-Zauber des Fellini-Films *Amarcord* erinnert fühlen. Der Roman widmet sich den Liebeleien, Geschäften und Intrigen in der Stadt. Eine Schauspieltruppe reist an und führt ihre Stücke auf, verschwenderische Sommerfeste werden gefeiert – aber hintergründig geht es dabei immer um die Frage, wer die erste Geige in der Stadt spielt, wem der meiste Respekt gebührt in einem Gemeinwesen, in dem die überkommene Rangordnung nicht mehr gilt. Der trunksüchtige Telegraphist Baardsen ist der Philosoph von Segelfoss. Er spielt Cello – und auf der Klaviatur starker Hamsun-Meinungen, die gerade dadurch perspektivisch eingeschränkt erscheinen.

Auch eine Liebesgeschichte gibt es: zwischen Holmengraas Tochter Marianne und dem etwas herrenmenschlich anmutenden Aristokratenspross Willatz Holmsen IV., der an einer Oper komponiert. Es ist eine stachlige Liebe, gekennzeichnet von den Posen des Stolzes, wie sie bei Hamsun seit je zur Leidenschaft gehören: »Sie hatten einander herrlich weh getan mit fürchterlichen Worten, mit einer Bosheit, wie sie im Krieg oder auf der Landstraße hervortritt – und das in der Verlobungszeit! Ja, aber dann würde es später nicht schlimmer werden ... So entgingen sie der Unannehmlichkeit, eine ganze Ehe hindurch bei der Erinnerung an all das frühere Süßholzgeraspel Übelkeit empfinden zu müssen. Sie waren ein überlegenes Liebespaar.«

Inzwischen hatte Hamsun das Gefühl, sich aufzureiben, obwohl er sich monatelang zum Schreiben in Hotels und Pensionen einquartierte. Die Landwirtschaft war eine Überforderung; seit Jahren wuchsen die Spannungen seiner Existenz: Bauer oder Schriftsteller? Es ist nicht ohne Ironie, dass er in den Jahren, in denen er an *Segen der Erde* schrieb und das Bauernleben als naturgemäße, authentische, lebensfromme Existenzform verklärte, seines eigenen Hofes immer überdrüssiger wurde. Als die Welt schließlich im Jahr 1917 seine agrarische Botschaft empfing, verkaufte er Skogheim, verließ das Nordland und bezog mit der Familie eine Apothekersvilla in Larvik. Der Bauer wurde wieder zum Bürger.

»Dort schreitet Isak übers Feld und sät, er ist ein Mühlengeist von Gestalt, ein Klotz. Er trägt hausgewebte Kleider, die Wolle stammt von seinen eigenen Schafen, die Stiefel stammen von seinen eigenen Käl-

Der Verächter der Moderne schaffte sich
als einer der ersten Landwirte in Norwegen einen Traktor an. »Er ist Ödlandbauer
bis in die Knochen und Landwirt vom
Scheitel bis zur Sohle. Ein Wiedererstan-
dener aus der Vorzeit, der in die Zukunft
hinausdeutet, ein Mann aus der ersten Zeit
des Ackerbaus, neunhundert Jahre alt und
doch auch wieder der Mann des Tages.«
Segen der Erde.

bern und Kühen.« Isak mit seiner prahlerischen Tatkraft gehört zu jenen mythisch-archaischen Gestalten, wie sie um 1920 plötzlich viele Autoren interessierten. In der Motivation seiner Landlust stimmt Hamsuns Hauptfigur aber auch mit heutigen Stadtflüchtigen überein: Sehnsucht nach dem Kreatürlichen, nach Selbstversorgertum und einem sinnvollen, naturhaften Leben.

»Isak mit dem rostigen Vollbart und einem Körper wie eine verwachsene Baumwurzel, er war wie ein gräulicher Mühlentroll, den man durch einen Wirbel im Fenster sieht.« Das ist kein Blut-und-Boden-Pathos. Wenn der Nazi-Chefideologe Alfred Rosenberg *Segen der Erde* als das »große Epos des nordischen Willens in seiner ewigen Urform« pries, »heldisch auch hinterm Holzpflug« – so war das eine geradezu tragikomische Fehllektüre. Mit solchen Empfehlungen wurde der Roman später – nach Margaret Mitchells *Vom Winde verweht* – das bestverkaufte weltliterarische Werk im »Dritten Reich«. Aber wenn man *Segen der Erde* nicht politisch kontextualisiert, wenn man nichts wüsste von Hamsuns politischer Irrfahrt nach 1933, wäre das Buch unverdächtig. Hamsuns Ton ist nicht ideologisch, sondern humoristisch. Federnd leicht, voller Verschmitztheit, Zärtlichkeit und Weisheit präsentiert der Erzähler das Geschehen und die Figuren, sinnierend, kommentierend, Fragen aufwerfend, und gefällt sich in kleinen Gesten der Zustimmung oder Verwunderung. Hamsun ist hier auf der Höhe seiner Kunst der Nuance. Die Feinheit der Sprache steht in ironischem Kontrast zur Derbheit und Rustikalität der dargestellten Welt.

Die Antithese von »gesundem« Landleben und verderblicher Stadt ist ein alter zivilisationskritischer Topos – den Hamsun allerdings an vielen Stellen unterwandert. Erstaunlich, dass ein Autor, der in seinen Artikeln die Modernisierung und Verstädterung als Irrweg beklagte, im Roman das Landleben so wenig idealisierte. Die Versuchungen und Verfehlungen sprießen dort nicht weniger. Nie käme Hamsun auf die Idee, die Bauern als Idealmenschen zu verkitschen. Seine Figuren sind keine Ideenträger, sondern angekränkelt von Eitelkeit und manchmal unsinniger Leidenschaft. Es gibt in *Segen der Erde* die hinreißende Szene der Rettung Axel Strøms: Mitten im Winter verunglückt der Nachbar Isaks im Wald beim Baumfällen, liegt eingequetscht unter einem Stamm im Schnee. Da kommt zufällig sein Kontrahent Brede Olsen vorbei, der die Telegrafenleitung zu überprüfen hat. Brede wendet den Blick ab und geht mit »rachgierigem«

Pfeifen weiter. Unterdessen hört Oline zufällig Axels Hilfeschreie und kommt gerade noch rechtzeitig, um den halb Erfrorenen zu retten, worauf sie sich gleich ungeheuer viel einbildet. Aber da kehrt Brede zurück; er hat offenbar mitbekommen, dass Oline in den Wald ging, und möchte nicht wegen unterlassener Hilfeleistung angeklagt werden. Er bemüht sich jetzt, seinen Teil zu Axels Rettung beizutragen, was Oline wiederum sehr verärgert, weil es »ihre eigene Unentbehrlichkeit« verringert. So geht es taktierend hin und her – auf allen Seiten »schlaue Einfalt«, Berechnung, Bösartigkeit hinter freundlichen Mienen. Dass die Menschen nicht so sind, wie sie sein sollten, ist eine Voraussetzung des Erzählens. Untreue, Verrat, Gier, Verbrechen – Hamsun kann als Erzähler Figuren gelten lassen, deren Handlungen und Gesinnungen eigentlich überhaupt nicht sein Fall sind. Der Epiker heißt gut, was ist, auch wenn es nicht gut ist. Sogar über die Kindsmörderin Barbro schreibt er erstaunlich kulant: »Der Tod eines Kindes ist ihr nichts, aber ein lebendes Kind könnte es gut bei ihr haben.« Deshalb verfehlen die Interpretationen, die eindimensionale politische Tendenzen aus Hamsuns Büchern herauslesen, die Mehrdimensionalität seiner Menschendarstellung, kappen Ober- und Untertöne, machen die Dinge einfacher, als sie sind.

Auch in der Darstellung von Liebe und Sexualität unterläuft *Segen der Erde* die stereotype Entgegensetzung von »lasterhafter« Stadt und moralisch gediegenem Landleben. Wiederholt verfällt die liebeslustige Inger anderen Männern. Dabei kommt Isak aber nie zur kurz: »Sie war voll urwüchsiger Süßigkeit gegen ihn, und er wurde wild und unmäßig gierig nach ihr.« Zum Sinnlichen kommt das Übersinnliche. Gelegentlich wechselt der Roman zu einem naturmystischen, spirituellen Ton: »Sellanraa lag so günstig, dass die Bewohner im Herbst und Frühjahr die Wildgänse, die über das Ödland hinflogen, sahen und ihr Rufen und Locken in der Luft droben hören konnten; es klang wie verwirrtes Reden. Und dann war es, als stünde die Welt still …«

Von einem »still stehenden«, gesellschaftsfernen Leben ist in manchen Zusammenfassungen des Werks die Rede. Die paradoxe Raffinesse des Romans besteht jedoch darin, dass die Beschreibungen der biblisch-mythischen Urtümlichkeit und die Beschwörung des epischen Lebenszustands konterkariert werden vom manischen Veränderungsdrang. Die Unruhe der meisten Hamsun-Figuren ist auch dem Kolonisator Isak zuteil geworden. Er betreibt Expansion, »je-

Zurück zur Natur. Pan mit Zwicker und Bocksfüßen, Hamsun-Karikatur von Olaf Gulbransson.

»Anstandshalber und der Kinder wegen
hielten sie noch zusammen, doch waren
sie ohne Freude … Manchmal stritt sie
sich mit ihm bis in den Abend hinein und
redete bei Tisch kein Wort mit ihm, wenn
sie aber schlafen gegangen waren, riefen
sie einander durch die offene Tür gute
Nacht zu. Denn sie hielten zusammen.«
Der Ring schließt sich, 1936.

denfalls hörte das Bauen niemals auf«. Noch ein Sägewerk, noch eine
Mühle, noch ein Sommerstall, noch eine Schmiede. Auch in der Ein-
öde wird unermüdlich an der Optimierung der Verhältnisse gearbeitet. Und auch Isak müht sich mit Moderne und Fortschritt und
schafft die erste Mähmaschine im Ödland an: »Isak steht mit einem
ungeheuer scharfsinnigen Gesicht da und versucht, die Gebrauchs-
anweisung, die der Kaufmann ihm vorgelesen hat, von einem Ende
zum anderen aus seinem Gedächtnis hervorzuholen; er befestigt eine
Stahlfeder da und schiebt dort einen Bolzen ein, dann ölt er jedes
Loch und jede Ritze …«

Nichts darf bleiben, wie es ist, ein verschontes Refugium ist Hamsuns
Provinz gerade nicht: »Das Ödland war zum Leben erweckt, Geld blüh-
te allenthalben.« Bodenschätze ziehen Glücksritter und Spekulanten
an, Gesteinsproben machen Hoffnung auf Schwarzkupfer-Vorkom-
men, oben auf dem Berg soll ein »Versuchsbetrieb« eröffnet werden.
Die anreisenden Geschäftsleute werden mit kafkaeskem Slapstick
beschrieben: »Da wurden die Herren alle miteinander ungeduldig,
fünf Uhrendeckel sprangen auf und klappten wieder zu, und jetzt
war keine Zeit mehr zum Scherzen.« Die Unruhe durch das »Neue«
erfasst selbst die Tiere, was mit einiger Komik dargestellt wird: »Auf
Sellanraa haben sie eine neue Hackfrucht, die Turnips heißt, die steht
grün und riesengroß da und weht mit den Blättern, und es ist ganz
unmöglich, die Kühe davon fernzuhalten, sie brechen alle Gatter nieder und stürmen brüllend darauf zu.«

Hamsun, der die Kriegstrommel für Deutschland rührte und England
die Heimsuchung wünschte, wurde 1918 zum literarischen Friedens-
bringer. *Segen der Erde* war das Buch der Stunde. Es wurde als über-
wältigend »positives«, geradezu »prophetisches« Werk aufgenommen.
Jahrelang war der Boden Europas aufgewühlt worden, allerdings nicht
von Ackerpflügen, sondern von den Granaten des Stellungskrieges.
Hamsuns epischer Gesang vom einfachen, naturverbundenen Leben
wirkte nach dem Horror der Materialschlachten wie ein Therapeuti-
kum. Maxim Gorki verkündete, dass ihn *Segen der Erde* nicht weniger
beeindruckt habe als Homers *Odyssee*. Auch das Nobelpreiskomitee
horchte auf: Endlich ein rundum »gesundes« Buch von diesem un-
steten Romantiker. Nachdem man sich in Stockholm bereits mehrere
Jahre darüber gestritten hatte, ob Hamsun genug »Idealismus« für die
Ehrung vorzuweisen habe, war man sich 1920 endlich einig.

Das »Wohnzimmer auf Rädern« – Marie
und die Töchter im Cadillac.

Hamsun hatte gut gesät, der Geld-Segen nahm kein Ende. Er konnte ihn gut gebrauchen. Da er sich in der Kleinstadt-Villa nicht wohl fühlte, entschloss sich der nobelpreisgeadelte Autor, fortan das Aristokratische mit dem Bauernleben zu verbinden und kaufte 1918 einen überteuerten, renovierbedürftigen Herrensitz an der norwegischen Südküste: Nørholm zwischen Grimstad und Lillesand. Zur Bewirtschaftung dieses Gutes war eine Menge Personal nötig. Böden wurden urbar gemacht, Wälder aufgeforstet, Vieh in die Ställe geschafft und neue Gebäude errichtet. Es wurde ein Musterhof, aber er schrieb rote Zahlen. Die Landwirtschaft blieb ein kostspieliges Hobby, das Hamsun wiederum zum Schreiben zwang. Zum Glück hatten seine literarischen Einkünfte inzwischen das Niveau eines Fabrikdirektors erreicht. Vor allem der Roman-Export nach Deutschland und Russland war ein einträgliches Geschäft.

Diejenigen, die seinen »Idealismus« in Frage gestellt hatten, sahen sich schnell bestätigt. Rechtzeitig zur Nobelpreisverleihung erschien bereits der nächste umfangsstarke Roman, *Die Weiber am Brunnen*, ein düsteres, pessimistisches Buch. Allein die Hauptfigur spricht der zuvor gepriesenen »Erbaulichkeit« Hohn: Oliver Andresen ist ein impotenter Krüppel, ein abstoßender Mensch, ein Mörder, ein listenreicher Lebenskünstler aber auch. Nach dem Kraftkerl Isak nun die Krise der Männlichkeit, was nach dem Weltkrieg wiederum ein zeitgemäßes Thema war. Man denke an den Roman *Fiesta* des Hamsun-Verehrers Hemingway, in dem der Held Jake Barnes nach einer Kriegsverletzung nicht weniger als das Geheimnis seiner Impotenz zu verbergen hat.

Hamsun hatte seit je eine Vorliebe für Figuren mit Handicap; der psychologische Erzähler findet da ein ergiebiges Arbeitsfeld. Wie gehen die Menschen mit ihrem Makel um, wie kompensieren sie den Schaden, welche Überlebenstechniken entwickeln sie, welche subtilen Mechanismen der Rache? Oliver hat bei einem Unfall auf See seine Männlichkeit eingebüßt, was nur gerüchteweise in der kleinen Küstenstadt kolportiert wird und als unbekannte Größe im Verhalten der Figuren eine Rolle spielt, vor allem in dem seiner Frau, die ihn regelmäßig betrügt und von verschiedenen Männern fünf Kinder bekommt, die Oliver ungerührt als die seinen aufzieht. Er ist »ein Bild des Lebens in der Stadt, es ist in ihm verkörpert«, heißt es an einer Stelle: kriecherisch, aber emsig, verschlagen und geschwätzig, unvollkommen, aber trotzdem einigermaßen liebenswert. Thomas Mann

Familie ist kein Treppenwitz. Die Hamsuns
im Jahr 1935, von links nach rechts die
Kinder Ellinor, Tore, Cecilia und Arild.

schrieb einen enthusiastischen Essay über das Buch und pries seinen Witz. Umso merkwürdiger, dass er sich über Hamsuns nächsten Roman ausgeschwiegen hat.

Denn wer heute *Das letzte Kapitel* liest, denkt sofort an den *Zauberberg*. Hamsuns Roman ist 1923, also ein Jahr früher erschienen und weist viele verblüffende Ähnlichkeiten auf, angefangen mit dem Todes-Thema, das schon im Titel anklingt. Die Handlung spielt im Berg-Sanatorium Torahus, einem Ort der »Zwangsvorstellungen, eingebildeten Leiden und wirklichen Krankheiten«. Es gibt eine luxurierende Patientenschar, die in Debatten über zentrale Fragen des Lebens und der modernen Gesellschaft verwickelt werden. Wie im *Zauberberg* wird viel gegessen, unendlich viel geredet, und man vertreibt sich die Zeit mit Spielen wie Blindekuh und Sechsundsechzig.

Mit Schuldirektor Oliver bietet Hamsun eine Gelehrtenkarikatur auf, einen wahren Settembrini und unermüdlichen Drehorgler des Fortschritts: »Er nahm eine bedeutende Stellung in der Lehrerschaft ein und hatte selbst eine unerschrockene Achtung vor dieser Stellung … Wenn die Jugend nicht mehr unwissend war, so verdankte man es ihm, er verbreitete sein Licht, er rottete Analphabeten aus, und Norwegen war aufgeklärt.« An die erbitterten Rede-Duellanten Thomas Manns erinnern auch Herr Magnus – Spitzname: »der Selbstmörder« – und Herr Moss, der Mann »mit den Wunden im Gesicht«. Magnus wurde von seiner Frau betrogen und hat sich in die Sanatoriumssphäre geflüchtet. Dort philosophiert er über die Sinnlosigkeit des Lebens, schafft es aber nie, seine Absicht auszuführen und Hand an sich zu legen, was Moss zu immer neuen Spötteleien provoziert. »So zankten sich diese beiden Männer oft und vertrugen sich wieder. Sie erzürnten sich nie im Ernst und konnten sich nie lange entbehren« – eben ganz wie Naphta und Settembrini im *Zauberberg*.

Die Figuren werden wie bei Thomas Mann mit durchgehend ironischem Gestus vorgeführt: etwa die fettleibige Frau Konsul Ruben, die später eine Abmagerungskur unternimmt und dann so »schlotterig« aussieht »wie ein geplatzter Reifen«. Oder die Büroangestellte Julie d'Espard, die in ihrer Vorstellung vom Liebesleben beeinflusst ist von galanten französischen Gesellschaftsromanen. Oder Herr Fleming, der brustkranke Finne, der sich als Gutsbesitzer und Graf ausgibt, in Wahrheit aber ein von der Polizei gesuchter Bilanzfälscher ist. Wenn er Julie anschaut, bekommen seine Augen einen »saugenden Schim-

Erfolgreiche Autorin von Kinderbüchern:
Marie Hamsun, um 1930. 5000 Exemplare,
das sei »schweinemäßig viel«, befand
Hamsun im Hinblick auf die Auflagen
von Maries Büchern. Im Deutschland der
Dreißiger Jahre brachten es dann allein
ihre *Langerudkinder* auf 125.000 verkaufte
Exemplare.

mer«. Gemeinsam mit ihr sucht er das gesunde Leben; in Daniels Sennhütte möchte er »auf saure Milch abonnieren«. Das »schmeckte nach Kindheit und Ursprünglichkeit«.

Dieser Daniel, der neben dem internationalen Sanatorium seine Landwirtschaft betreibt, verkörpert den »gesunden« Kontrast zu den Kranken und Zivilisationsgeschädigten – obwohl er selbst viel Unglück mit den Frauen hatte und manche Demütigung einstecken musste. Vor dem Hintergrund der inflationären Neurasthenie und Hypochondrie wirkt seine derbe körperliche Unbekümmertheit geradezu komisch. Als einmal beim Essen Blut aus seinem Stiefel läuft, meint er beiläufig: »Es ist nur ein Zeh!« Und isst weiter. Die Hiebwunde von der Arbeit mit der Axt im Wald kann ja später noch verarztet werden.

Am Ende greift Daniel zur Waffe, und der Roman entwickelt sich noch zum eifersuchtsgetriebenen Alm-Thriller. Kleine und große Katastrophen bestimmen die Handlung: Unglücke, Todesfälle, eine Schweizerin wird von einem Ochsen überrannt, ein Arzt bricht beim Schlittschuhlaufen ein, schließlich brennt das ganze Sanatorium in einer stürmischen Nacht nieder. Einer aber überlebt alles: der »Selbstmörder«. »Da man nicht am Tode hängen kann, hängt er am Leben.« Unter den späteren Romanen Hamsuns ist *Das letzte Kapitel* wohl der zugänglichste, vor allem für Leser, die sich sonst eher schwer in Hamsuns nördliche Provinzen finden.

Auf einem Foto dieser Jahre sieht man Hamsun wie einen alten Agrar-Dandy vor einem Heuhaufen stehen: der »lebende Widerspruch«. Der Verächter der Moderne schaffte sich als einer der ersten in Norwegen einen Traktor an. 1922 kaufte er einen Cadillac, ein »Wohnzimmer auf Rädern«, und ließ Marie den Führerschein machen. Seine »Neurasthenie« war auch in Nørholm nicht verschwunden. Mit allerhand neuen Therapien ging er gegen sie an: Hormone und elektrische Gürtel, Salben, Tabletten, Massagen. Um seiner lahmenden Produktivität Auftrieb zu geben, ließ er sich vom umstrittensten Arzt Norwegens, Dr. Johan Irgens Strømme, ausgiebig psychoanalysieren und darüber belehren, dass in seinen Träumen viele Sexualsymbole vorkämen. Immerhin, die Sitzungen holten verschüttete Jugenderinnerungen ans Licht, an jene Zeit, da Hamsun als Hausierer an der Küste von Ort zu Ort reiste. Nach fünf Monaten kehrte er mit einem Koffer voller Notizen für *Landstreicher* heim.

74151 Nørholm, Knut Hamsuns hjem

Foto Telemark Flyselskap A.S

Marie war gegen die Psychoanalyse. »Ich glaube, du hast vergessen, mir hinterherzuspucken«, schrieb Hamsun in einem Brief, nachdem er mit dem Schiff wieder einmal zur Therapie nach Kristiania gefahren war, das neuerdings Oslo hieß. Zwischen den Ehepartnern herrschte Reizklima. Die Opfer für Hamsuns Schreiben hatten Marie verbittert, obwohl sie inzwischen selbst nebenbei mit Erfolg Kinderbücher schrieb. Hamsun staunte über ihre Auflagen, 5000 Stück, das sei »schweinemäßig viel«, er habe sich lange mit weniger begnügen müssen. In den zwanziger Jahren aber waren allein in Deutschland Hunderttausender-Auflagen für ihn selbstverständlich geworden. Die *Landstreicher*-Trilogie wurde noch einmal ein großer Verkaufserfolg.

Hamsun hatte die ersten drei Jahrzehnte seines Lebens in prekären Verhältnissen verbracht und gegen Armut und Verzweiflung angeschrieben. Die ökonomische Konkretion seiner Romane fällt durchgehend ins Auge: Unaufhörlich ist von Geschäften und Projekten die Rede, vom Zwang des Verdienens und Ackerns, von Handwerk und Handel, vom Fischen und von Viehzucht. Der Euphorie des Aufstiegs folgt die Abstiegsangst dicht auf dem Fuß. Die oft beschriebenen Fischschwärme bedeuten Geld und Wohlstand – und versinnbildlichen die Flüchtigkeit des Glücks. »Doch nun war der Geldstrom versiegt, wie ein Heringszug war er wieder im Meer verschwunden«, heißt es in *Segen der Erde*. Heringsströme sind Finanzströme, auch und erst recht in der *Landstreicher*-Trilogie. Es herrscht kollektive Euphorie, wenn es gelingt, einen großen Schwarm in einer Bucht einzusperren: Da wird geerntet wie im Paradies. Wenn der Hering ausbleibt, kann ein »Fjordkönig« ruiniert werden. Das hatte der junge Hamsun selbst erlebt, als er bei Nicolai Walsøe arbeitete.

In den *Landstreichern* geht es hin und her zwischen Norwegen und Amerika. Weil auch das Leben im Eldorado der Pioniere oft desillusionierend ist, kehren die Ausgewanderten zurück. Wer in New York war, dem kommt die Bucht zuhause plötzlich sehr klein vor. Und dann leben schon eigene Kinder in Amerika. Also wieder hinüber. Auch die *Landstreicher*-Trilogie ist ein Werk der Unruhe und Entwurzelung. Wieder so ein Widerspruch: Hamsun preist die Sesshaftigkeit und zeigt umhergetriebene Menschen. Mehr als alle anderen Protagonisten ist sein Weltumsegler August ein Unruhiger und Getriebener: ein Repräsentant der Moderne und des zwanghaften Veränderungsdranges. Hamsun müsste ihn verabscheuen, aber er lässt sich von dem Phantasten und Projekteschmied in den Erzählbann ziehen.

Von der Holzhütte zum Herrenhaus: Hamsuns Geburtsort Lom in Gulbrandsdal (oben), Aufnahme von 1929, und eine Postkarte mit dem Luftblick auf den Gutshof Nørholm bei Grimstad, den Hamsun 1918 erwarb.

Zum Fall Hamsun—Ossietzky

Knut Hamsuns Kandidaten für den Friedens-Nobelpreis

Jahre der Kollaboration

Hamsun ist kein ergiebiger Fall für die Literaturgeschichte des Bösen. Das Faszinosum einer reaktionären Intellektualität, wie sie in der Rezeptionsgeschichte Benns, Célines, Ernst Jüngers oder Carl Schmitts eine Rolle spielt, sucht man bei ihm vergebens. Starrsinn und Verblendung kennzeichnen seinen Glauben an den Nationalsozialismus. Er war nicht geeignet als Schriftsteller-Repräsentant und Auskunfterteiler in gesellschaftlichen Fragen. Weil der literarische Betrieb diese Spitzen-Position aber seit dem 19. Jahrhundert vorsah, strebte er nach ihr. Das war schon ein Teil seines Verhängnisses.

Es gibt Affinitäten Hamsuns zur nationalsozialistischen Ideologie, etwa die Germanophilie und den Kult der Jugend und Gesundheit. Wobei man nicht vergessen darf, dass er als Erzähler zeitlebens eine Schwäche für die Schwachen hatte, für strauchelnde Gestalten, Außenseiter und Krüppel. Man könnte darüber hinaus Parallelen zwischen der deutschen Gesellschaft und Hamsun ziehen: So wie dieser ein Emporkömmling und Autodidakt war, der die etablierte bürgerliche Gesellschaft mit ihren abgestuften Hierarchien verachtete, so war Nazi-Deutschland eine junge Kraftprotz-Nation, antiliberal, antibürgerlich, voller Renitenz gegen die etablierten Mächte und die westeuropäische Zivilisation – und seit der Demütigung von Versailles ein schwer vertrotztes Land. Auch der »Antibolschewismus« Hitlers fand Resonanz bei Hamsun. In Norwegen hatte er die verheerenden Auswirkungen der Russischen Revolution aus unmittelbarer Nähe erlebt.

Was Nazi-Deutschland anging, ignorierte er die Berichte von Terror und Unterdrückung – gewisse Unkosten bei der Errichtung des neuen, starken Staats hielt er für unvermeidlich und beruhigte sich schnell über politische Verbrechen wie die Röhm-Morde. Den Staat, der die

Fotomontage von John Heartfield, 1936.

Angelsachsen züchtigen würde, baute man nicht mit Friedensliedern. »Wenn die Regierung sich entschlossen hat, Konzentrationslager einzurichten, dann sollten Sie und die Welt verstehen, dass sie ihre guten Gründe hat«, belehrte er einen Briefschreiber, der ihn um eine Protestnote gebeten hatte. Und überhaupt, hatten nicht die Briten im Burenkrieg solche Lager eingeführt? Er sah die Deutschen als kämpferische Nation, die sich nach den Rückschlägen und Demütigungen durch Krieg, Inflation und Wirtschaftskrise mühsam wieder hochrappelte – gegen den Widerstand und die allzu durchsichtigen Interessen des übrigen Europas. Er scheute nicht davor zurück, den KZ-Häftling und Friedensnobelpreis-Kandidaten Carl von Ossietzky (selbst ein Hamsun-Verehrer) öffentlich anzugreifen. Der solle sich nicht als Friedensfreund aufspielen, sondern in dieser »schwierigen Übergangsphase« beim Wiederaufbau mitanpacken. Viele norwegische Intellektuelle waren entsetzt über das Verhalten ihres berühmtesten Schriftstellers. Eine öffentliche Erwiderung von 33 Autoren erschien.

Der Ring schließt sich, der letzte große Hamsun-Roman aus dem Jahr 1936, ist ein erstaunliches Buch. Nach der behäbigen *Landstreicher*-Trilogie ist dies wieder ein überraschend moderner Text. Kaum zu glauben, dass dieses erotisch aufgeladene, pessimistische Werk von einem rumpelnden Sympathisanten Nazi-Deutschlands geschrieben wurde. Allein die Hauptfigur wäre dort ein Fall fürs Arbeitslager gewesen: der Nichtstuer und Träumer Abel Brodersen, eine der antriebsärmsten Gestalten der Weltliteratur. Hamsuns Faszination für krumme Charaktere setzt sich hier fort. Abel kommt aus prekären Verhältnissen: als Kind eines knauserigen Leuchtturmwärters und einer trunksüchtigen Mutter. In Amerika hat er mit seiner Freundin Angèle ein beinahe mythisches Aussteiger-Leben geführt: »Wir hatten nur Hemd, Hose und Revolver.« In Kentucky hat er sich »an die Sorglosigkeit gewöhnt wie ein Trinker an den Branntwein«. Dann erwischte Abel seine Freundin mit seinem besten Freund beim Liebesspiel und erschoss sie, wofür dann allerdings der Freund auf den elektrischen Stuhl wanderte. Diese Geschehnisse wirken, je öfter sie beschworen werden, wie Traumszenen.

»Gleichgültig« ist ein Grundwort für Abel, wie später für Camus' *Fremden*. Ihm ist das meiste, was anderen Sorgen macht und ihren Ehrgeiz beschäftigt, ganz einerlei. Erbschaft, Arbeit, Liebe, Freunde – er versucht, ohne auszukommen; existentieller Rückbau. Dabei hat Abel, der »Gentleman-Müßiggänger«, durchaus Wirkung auf die Frauen, auf

oben: Marie Hamsun liest im Januar 1941 in Berlin aus den Werken ihres Mannes. Unter den Zuhörern Schauspieler Heinrich George (rechts außen, 2. Reihe) und Ministerialdirigent Wilhelm Haegert vom Reichsministerium für Volksaufklärung und Propaganda (in Wehrmachtsuniform).

unten: Knut Hamsun mit seinem Sohn Tore (links) und dem deutschen Reichskommissar in Norwegen, Josef Terboven. Januar 1941.

Hamsuns Töchter Cecilia (links) und Ellinor
Anfang der Dreißiger Jahre.

all die Olgas, Lillis, Lollas, die schon lautlich miteinander verschmelzen. Manchmal wirkt es, als sei er von einer Art Seelenlähmung betroffen, wie das Opfer eines Traumas. Dann wieder kommt seine »göttliche Gleichgültigkeit« fernöstlicher Lebensweisheit nahe. Der Hamsun-Biograph Robert Ferguson hat Abel Brodersen als »lebendes Zen-Rätsel« bezeichnet. Der Autor selbst schreibt lakonische Sätze über ihn, in denen das abendländische Aktivitätskommando erlischt: »Er ist aus einem Grenzland, das uns unbekannt ist.« »Ein Namenloser in einem Schuppen, ein Nichts, eine Null.«

Am Ende lebt Abel von dem, was andere wegwerfen. Der Ring schließt sich – zum Durchbruchswerk *Hunger*: »Er war zu einer einfachen Lebensweise herabgestiegen und ziemlich originell geworden, er fand es gar nicht so übel, ein wenig bis in die Knochen hinein zu frieren und einen ganzen Tag mit leerem Magen herumzugehen.« Während die Nazis das Reich und die germanische Herrlichkeit verkünden, heißt es über Hamsuns Antihelden: »Er fragte nach nichts in der Welt und warf sich weg«. Dieser Roman ist eine Vorwegnahme mancher Werke der Beat-Generation um 1960, die sich den Hippies und Gammlern zuwandten. Ein Antibildungsroman, eine literarische Widerstandshandlung gegen den Druck der Konformität, allerdings ganz ohne das Pathos der Befreiung: »Ihr mit eurem Streben bringt es auch nicht besonders weit. Ihr werdet bloß ein bisschen reich, ein bisschen hochmütig und ein bisschen beneidet, das ist alles«, sagt Abel. Zwar versuchen die Frauen immer wieder, etwas aus ihm zu machen, und zwischenzeitlich wird er sogar Kapitän eines »Milchdampfers«. Um sich dann aber desto gründlicher zu entziehen. Dieser Roman macht noch einmal besonders deutlich, was für alle Werke Hamsuns gilt: Mit seinen Landstreichern, Hungerkünstlern und Weltumseglern ist kein Staat zu machen. Während der politische Totalitarismus die Menschen bis in die privatesten Winkel sozialisiert, feiert Hamsun den Eigensinn, die Freiheit des Unangepassten.

1938 besuchte Hamsun seine Tochter Ellinor, die sich als attraktives und trinkfreudiges Party-Girl im Berliner Nazi-Jet-Set bewegte. Als er sich auf eine Bank setzen wollte, machte man ihn auf ein Schild aufmerksam: »Nur für Juden«. »Was für ein verdammter Unsinn«, soll er entgegnet haben. Und als sich im März 1938 der Publizist (und Hamsun-Verehrer) Egon Friedell aus dem Fenster seiner Wiener Wohnung stürzte, um der soeben das Haus stürmenden SS zu entgehen, kommentierte Hamsun: »Er hätte zu mir kommen sollen!« Die Ver-

KNUT HAMSUN

SAMLEDE VERKER 1-16

**ALLE HAMSUNS 31 BØKER
INNBUNDET I 16 HELSKINNSBIND
PRIS 120 KRONER**

De kan få hele verket utlevert
idag og betale det i rimelige rater

GYLDENDAL NORSK FORLAG

Her ser man noen av de kjente skikkelser fra Hamsuns verker slik tegneren har tenkt sig dem. Rosa sitter høit til hest. Foran henne står Victoria og ser ned
mot møllerens sønn. Bak Victoria ser man Benoni og ved siden av ham står Gammelmoderen og konsul Gordon Tidemand. I forgrunnen Minutten, bak ham
Nagel og bak ham igjen Herr Holmengraa og Willatz Holmsen. Så er det Edvarda og løitnant Glahn og Mack på Sirilund, og han med sydvesten er
Edevart, som står og ser op på den navnkundige August. Aller ytterst ser vi mannen fra „Sult". Og ragende op bak dem alle Isak og Inger fra Sellanraa.

brechen der Nazis setzten ihn immer größeren Rechtfertigungszwängen aus; indes war er auch um keine Rechtfertigung verlegen. Friedell hin oder her, lebend oder tot – der »Anschluss« Österreichs begeisterte ihn. Andererseits besorgte er für verfolgte Juden wie Max Tau norwegische Visa. Von Widersprüchen ließ sich Hamsun nie schrecken. Auch nicht von den stark rückläufigen Auslandsumsätzen seiner Bücher. Je entschiedener er mit den Nationalsozialisten sympathisierte, desto weniger wurde er in der Welt gelesen. Nur die Einkünfte aus Deutschland blieben beträchtlich. Und die familiären Bande zur Nazi-Elite festigten sich. Ellinor heiratete den Filmregisseur Richard Schneider-Edenkoben, zu dessen Verwandtschaft Hans Frank, der berüchtigte Generalgouverneur von Polen, gehörte. Marie Hamsun absolvierte Vortragstourneen in Deutschland und berichtete zur Freude der Zuhörer vom Wutgebrüll Hamsuns über die Westmächte, von seinen Jubelrufen über deutsche Siege.

Norwegen wurde bereits im April 1940 wegen der strategisch wichtigen Küsten und seiner Nähe zu den nordschwedischen Eisenerzgebieten von der Wehrmacht besetzt. Für Hamsuns Geschmack leisteten seine Landsleute dabei zuviel Widerstand. Er veröffentlichte einen Appell: »Norweger! Werft das Gewehr hin und geht wieder nach Hause. Die Deutschen kämpfen für uns alle und zerschlagen jetzt Englands Tyrannei.« Wollte er sinnlose Opfer vermeiden helfen? Eher kam es ihm wohl darauf an, wofür gestorben wurde. Als ein Jahr später in Norwegen ein SS-Freiwilligenbataillon gebildet wurde, forderte Hamsun die jungen Norweger auf, sich an die Ostfront zu melden. Andererseits wuchs sein Ärger über den Statthalter Josef Terboven, dessen Terrormaßnahmen die großgermanische Vision erheblich störten und immer mehr Norweger gegen die deutschen Besatzer aufbrachten.

Hamsun entwickelte in seiner Einsamkeit die fixe Idee, Hitler beeinflussen zu können. Ihn auf die Fehler in Norwegen hinzuweisen, ihn zur Absetzung des leidigen Terboven zu bewegen. Er steigerte sich über mehrere Jahre hinein in die Phantasie eines großen Gesprächs, von Angesicht zu Angesicht mit dem Diktator. Am 19. Mai 1943 wurden Knut und Marie Hamsun zunächst in privatem Rahmen von Familie Goebbels empfangen: Der Propagandaminister war hingerissen von dem Schriftsteller, den er seit langem verehrte, und Hamsun im Gegenzug nicht weniger enthusiasmiert. Ein paar Wochen später schenkte er Goebbels seine Nobelpreismedaille. Und schrieb dazu die wahrhaft grotesken Worte: »Nobel stiftete seinen Preis als Beloh-

Knut Hamsuns *Sämtliche Werke*, Plakat des Gyldendal Verlages von 1943.

nung für die ›idealistischste‹ Schrift … Ich kenne niemanden, Herr Minister, der sich auf so unermüdliche und idealistische Weise jahrein, jahraus schriftlich und mündlich für Europa und die Sache der Menschheit so eingesetzt hat wie Sie.«

Schließlich wurde es möglich. Am 26. Juni 1943 bekam Hamsun seine Audienz bei Hitler, und eine der befremdlichsten Begegnungen von Geist und Macht nahm ihren Lauf. Hamsun: gezeichnet von einer Gehirnblutung, schwerhörig und mit zitternder Hand. Hitler: schlecht gelaunt wegen der verfahrenen Lage an den Fronten, gedämpft von Antidepressiva. Der Führer gierte nach Bestätigung. Mit einem Besucher, der Widerworte wagte, ihn gar auf Fehler hinwies und Verbesserungsvorschläge unterbreitete, rechnete er nicht. Er war auf eine Plauderei über Dichtung eingestellt, er hätte einiges zum Thema Genialität zu sagen gehabt. Hamsun aber wollte über Politik sprechen. Undiplomatisch, sichtlich nervös und mit der lauten Altmännerstimme des Schwerhörigen steuerte er auf sein Ziel zu, so dass der Übersetzer manches erst gar nicht ins Deutsche zu übertragen wagte. Hundertmal hatte Hamsun das Gespräch im Geist geprobt; jetzt war sein Mitteilungsdrang nicht zu bremsen. Hitler versuchte, den aufgeregten Greis zu beruhigen, während seine Verärgerung wuchs. Verteidiger Hamsuns stellen seinen Mut heraus: Er habe nicht devot agiert, sondern mit seiner Kritik an der Besatzungspolitik den Zorn des Führers provoziert. Das war gefährlich, selbst für einen Nobelpreisträger. Denn Hitler hörte nicht Hamsuns Glauben an die großgermanische Vision; er hörte die Kritik. Der Norweger verlangte nach milderen Umständen für seine Landsleute, während Millionen Deutsche starben. Hamsun wurde immer erregter, er bat und forderte und brach schließlich in Tränen aus. Bis Hitler mit einem wütenden »Schweigen Sie!« aufstand und wegging. »Ich will solche Leute hier nicht mehr sehen«, schrie er. Auch Hamsun fühlte sich gedemütigt und enttäuscht. Gegenüber seinem Sohne Tore meinte er, Hitler benutze zu oft das Wörtchen »ich« und sehe im Übrigen aus wie ein Handwerksgeselle. Der »Führer« war ihm nicht sympathisch gewesen.

Aber offensichtliche Konsequenzen zog er aus diesen Eindrücken nicht. Er behielt die Skepsis lieber für sich, blieb Hitler und den Nazis offiziell sehr verbunden und ließ sich weiterhin von der Propaganda einspannen. In Wochenschauen war zu sehen, wie er eine Panzerdivision besuchte oder sich auf einem deutschen U-Boot herumführen ließ. Noch Anfang Mai 1945, als längst die Getreuesten untreu

Knut Hamsun (Mitte) zu Besuch bei Adolf Hitler auf dem Berghof in Obersalzberg, Berchtesgaden; links von ihm Reichspressechef Otto Dietrich, rechts sein norwegischer Dolmetscher Egil Holmboe, dahinter Ernst Zuerchner, Ministerreferent im Reichspropaganda-Ministerium. 26. Juni 1943.

wurden, schrieb er seinen Nachruf auf den Diktator, einen Text von einzigartiger Abseitigkeit, der Hamsuns tragische, aber selbstverschuldete Isolation verdeutlicht: »Er war ein Kämpfer, ein Kämpfer für die Menschheit … Er war eine reformatorische Gestalt höchsten Ranges und sein historisches Schicksal war es, dass er in einer Zeit der beispiellosesten Rohheit wirkte, die ihn am Ende zu Fall brachte.« Als »ritterliche Geste« wollte er diese Sätze verstanden wissen – tatsächlich waren sie eine politische Donquichotterie. Nicht zu vergleichen mit den damals üblichen Oden auf die »Lichtgestalt Stalin«. Denn den politischen Opportunismus, der die Hymniker des Kommunismus befeuerte, kann man Hamsun gerade nicht vorwerfen.

Mitte Mai 1945 wurde Knut Hamsun als Landesverräter verhaftet. Er wurde begutachtet, seine Zurechnungsfähigkeit wurde geprüft, er wurde für vier Monate in die Psychiatrie gesteckt: Zelle mit Guckloch. Wie sollte Norwegen mit dem Weltberühmten umgehen? Gehörte er ins Gefängnis oder ins Altersheim? Sollte man wegen Geistesverwirrung und Altersschwäche mildernde Umstände gelten lassen? War er ein manipulierter Greis, aufgestachelt von seiner nazitreuen Frau? Marie, mittlerweile heillos mit ihrem Mann zerstritten, saß ebenfalls in Untersuchungshaft und wurde dann zu drei Jahren Zwangsarbeit verurteilt. Sollte man die ganze Angelegenheit verschleppen in Erwartung von Hamsuns baldigem Tod? Aber er starb nicht, und auch seine Senilität hielt sich in Grenzen. Plötzlich konnte er sogar wieder schreiben. Seine Notizen aus der Psychiatrie verarbeitete er später zu seinem letzten Buch. Und wieder hörte man ihn murmelnd eine Rede proben: seine Verteidigung.

Auf überwachsenen Pfaden, der autobiographische Roman über jene drei Jahre zwischen Hausarrest, psychiatrischer Internierung, Altersheim-Aufenthalt und Prozess kommt als leises Werk daher – geradezu provokativ beruhigt nach den politischen Stürmen. Es ist wiederum ein Werk des Trotzes, schon weil es jede Spekulation über Hamsuns geistigen Zustand beendet. Wenn er mit neunzig Jahren imstande ist, solch luzide und erstaunlich gut gelaunte Prosa zu verfassen, kann er während der Nazi-Jahre nicht unzurechnungsfähig gewesen sein. Man darf die Alten nicht unterschätzen: »Es gibt hier verflucht schneidige Kerle, junge Burschen von Siebzig oder Achtzig, die behaupten, dass sie langsam wieder Sommersprossen auf die Nasen kriegen«, schreibt Hamsun über seine Mitbewohner im Asyl. Einerseits will er keine Gnade oder mildernde Umstände, andererseits beschreibt er seine Situation anklagend als die eines politischen Häftlings; so etwas habe es nie zuvor in Norwegen gegeben. Als wären nicht 40.000 Norweger während der deutschen Besatzung verhaftet und 9.000 in deutsche KZs verschleppt worden. Er will nichts vom Terror der Deutschen gewusst haben; als hätte er nicht aus diesem Grund bei Hitler die Absetzung Terbovens zu bewirken versucht.

Während sich die Öffentlichkeit mit »seiner Sache« beschäftigt, macht Hamsun Spaziergänge: »Ich höre das Rauschen im Walde nicht mehr, aber ich sehe, wie die Zweige schwanken, das ist bereits etwas, um froh darüber zu sein.« Weltentsagende Altersweisheit, Melancholie, Todesnähe, Demut – Hamsun knüpft ein Gewebe aus solchen unpolitischen Motiven und unterwandert damit schleichend die Autorität der über ihn urteilenden Instanzen. Was bedeutet das alles schon »in hundert Jahren«? Dann kommt er zum eigentlichen Thema: der Anklage und Verteidigung. Seine Rede in der Verhandlung, wie er sie gegen Ende des Buches rekapituliert, ist in ihrer vorgeblichen Schlichtheit ein rhetorisches Meisterstück. Er habe niemanden denunziert, sei nicht einmal in Schwarzhandelsgeschäfte verwickelt gewesen – als wäre das ein relevanter Punkt der Anklage und seine »landesverräterische« Publizistik dagegen eine Marginalie. Mag sein, dass er bisweilen im Geist des Nationalsozialismus geschrieben habe. »Jedenfalls stehen ja meine Artikel vor aller Augen« – als bestünde der eigentliche Vorwurf darin, dass er Artikel verheimlicht habe. Er bekennt sich zu den Ideen, für die er jahrelang eingetreten ist: Dass »Norwegen einen hohen, einen hervorragenden Platz in der groß-germanischen Weltgemeinschaft erhalten sollte« – daran habe er mit gutem Willen geglaubt.

»Ich habe zu verstehen versucht, was der Nationalsozialismus war, aber es wurde nichts daraus.« Ein nützlicher Idiot will er trotzdem nicht gewesen sein. Im Gegenteil: »Man war nicht besonders zufrieden mit mir«, auf Seiten der Nazis, versteht sich. »Man hatte mehr von mir erwartet, als man bekam.« Er kehrt seinen Einsatz für politisch gefährdete Menschen hervor, für Inhaftierte, zum Tod Verurteilte. »Ich telegraphierte Tag und Nacht, wenn die Zeit knapp war und es um Leben und Tod meiner Landsleute ging.« So sei er den Deutschen verdächtig geworden. »Hitler selbst verbat sich zuletzt meine Zuschriften. Er wurde sie leid.« Im Widerspruch zu diesen beinahe an Widerstand grenzenden Aktivitäten führt Hamsun seine senile Hilflosigkeit ins Feld. »Und niemand sagte mir, dass es falsch war, was ich

schrieb, niemand im ganzen Land. Ich saß allein in meinem Zimmer, ausschließlich auf mich selbst verwiesen … Monatelang, jahrelang, all diese Jahre hindurch war das so. Und niemals bekam ich einen kleinen Wink.« Diese Stilisierung kann nicht überzeugen; gerade dieses Buch widerlegt sie.

»Ich habe Frieden mit mir, ich habe das allerbeste Gewissen«, resümiert Hamsun in *Auf überwachsenen Pfaden*. Seine letzten Jahre waren trotzdem bitter. Er wurde zu einer hohen Geldstrafe verurteilt; seine Finanzen waren ebenso wie seine Reputation als Autor ruiniert. Der Hof verfiel, er lebte ärmlich von einer kleinen Rente. Seine Kinder durchlebten schwere Krisen. Immerhin pflegte ihn am Ende Marie, die eines Tages zurückgekehrt war. Es war beinahe eine Versöhnung. Im letzten Winter seines Lebens hielt der taube und blinde Hamsun eine Wanduhr auf seinen Knien. Das Deckglas war entfernt. Mit den Fingern konnte er fühlen, wie seine Zeit verstrich. Für seine Werke würde eine andere kommen.

»Wenn wir dann eine Zeitlang gewandert sind, dann wandern wir noch eine Weile; wir wandern einen Tag, darauf eine Nacht, und endlich in der Dämmerung des nächsten Tages ist die Stunde gekommen, und wir werden getötet, in Ernst und Güte getötet. Das ist der Roman des Lebens mit dem Tod als letztem Kapitel. Das ist alles so mystisch.« *Das letzte Kapitel*. Knut und Marie Hamsun 1951 auf Gut Nørholm.

Zeittafel zu Knut Hamsuns Leben und Werk

1859   Knud Pedersen wird am 4. August in Lom, Gudbrandsdalen, als viertes von sieben Geschwistern geboren. Der Vater Per Pedersen arbeitet als Kleinbauer und Schneider.

1862   Umzug der Familie nach Hamarøy auf den kleinen Hof Hamsund.

1864–1873   Knut lebt und arbeitet bei seinem Onkel Hans Ohlsen.

1874   Gehilfe beim Kaufmann Walsøe.

1875/79   Zieht umher als Hausierer; bricht eine Schuhmacher-Lehre ab; arbeitet als Gemeindeschreiber und Hilfslehrer. Erste Schreibversuche.

1877/78   *Der Rätselhafte, Bjørger.*

1879   Vergebliche Suche nach einem Verleger, lebt in Kristiania am Existenzminimum.

1880   Arbeit beim Straßenbau.

1882–1884   Erster Amerika-Aufenthalt. Dort Sekretär des Autors und Sekten-Missionars Kristofer Janson. Liest Mark Twain und Dostojewski.

1885   Schlägt sich mühsam als Journalist in Kristiania durch. Bei einem Artikel, gezeichnet mit Hamsund, wird ein »d« vergessen. Hamsun bleibt bei diesem Namen.

1886–1888   Zweiter Amerika-Aufenthalt. Straßenbahn-Schaffner in Chicago. Farmarbeiter in North-Dakota. Vorträge vor skandinavischen Auswanderern. Amerikanische Desillusion.

1888   Das *Hunger*-Fragment erscheint in der dänischen Literaturzeitschrift *Ny Jord*.

1889 *Vom Geistesleben des modernen Amerika.*

1890 *Hunger.* Aufsatz *Vom unbewussten Seelenleben.* Lebhafte Vortrags-
      tätigkeit in Kristiania.

1892 *Mysterien.*

1893/94 *Redakteur Lynge* und *Neue Erde.* Aufenthalt in Paris. Lernt dort
         seinen künftigen Verleger Albert Langen kennen. *Pan* wird ein
         großer Erfolg bei Kritik und Publikum.

1896 Die Theaterstücke *An des Reiches Pforten* und *Spiel des Lebens*
      werden uraufgeführt.

1898 Heirat mit Bergljot Göpfert. *Victoria.*

1899/1900 Reise über Moskau in den Kaukasus und nach Kleinasien. Drama
           Munken Vendt.

1901 Verspielt große Summen beim Roulette. Alkohol und Depressionen.

1902 Geburt der Tochter Victoria. Schauspiel *Königin Tamara.*

1904/05 *Schwärmer.* Bau der Villa Maurbakken in Drøbak. Scheidung
         von Bergljot.

1907 Der erste Band der *Wanderer*-Trilogie erscheint:
      Unter Herbststernen.

1908/09 Romane *Benoni* und *Rosa.* Schauspiel *Vom Teufel geholt.*
         Heirat mit Marie Andersen. *Gedämpftes Saitenspiel.*

1911 Erwerb des Hofes Skogheim auf Hamarøy.

1912 *Die letzte Freude.* Sohn Tore geboren.

1913 *Kinder ihrer Zeit.*

1914 Geburt von Sohn Arild. Prodeutsche Kriegspublizistik.

1915   *Die Stadt Segelfoss.* Geburt der Tochter Ellinor.

1917   Verkauf von Skogheim. Kauf einer Villa in Larvik. Geburt der Tochter Cecilia. *Segen der Erde.*

1918   Kauf des Gutes Nørholm bei Grimstad.

1920   Nobelpreis für *Segen der Erde. Die Weiber am Brunnen.*

1923   *Das letzte Kapitel.*

1926   Schreibkrise. Psychoanalyse in Kristiania (Oslo).

1927   *Landstreicher.*

1929   Die Huldigungen zu Hamsuns 70. Geburtstag markieren den Zenit seines Weltruhms.

1930   *August Weltumsegler.*

1933   *Nach Jahr und Tag.*

1934–1937   Sohn Tore studiert an der Münchner Akademie der Künste und tritt der SS bei. Tochter Ellinor nimmt Schauspielunterricht in Berlin.

1935   Reise nach Deutschland. Ossietzky-Polemik.

1936   *Der Ring schließt sich.*

1940   Deutschland besetzt Norwegen. Hamsun ruft zu Kapitulation und Kollaboration auf.

1943   Lässt sich von der deutschen Propaganda einspannen. Besuch bei Goebbels in Berlin. Missglücktes Gespräch mit Hitler auf dem Obersalzberg.

1945/46   Rühmt Hitler in einem Nachruf. Verhaftung, Internierung, Verhöre, psychiatrische Begutachtung. Einquartierung im Altersheim Landvik.

1947 Gerichtsverhandlung. Hamsun wird zu hoher Geldstrafe verurteilt.
      Finanziell ruiniert. Rückkehr nach Nørholm. Marie und die Söhne
      wegen Landesverrats zu Gefängnis und Zwangsarbeit verurteilt.

1949 *Auf überwachsenen Pfaden.*

1952 Hamsun stirbt mit 92 Jahren am 19. Februar.

Auswahlbibliographie

1. Werke und Briefe

Knut Hamsun: *Sämtliche Romane und Erzählungen*, 5 Bände,
    München 1986.
Knut Hamsun: *Mysterien*, neu übersetzt von Siegfried Weibel,
    München 1994.
Knut Hamsun: *Die Königin von Saba, Erzählungen*, neu übersetzt
    von Aldo Keel, Zürich 2001.
Knut Hamsun: *Hunger*, neu übersetzt von Siegfried Weibel,
    Nachwort von Daniel Kehlmann, 2009.
Knut Hamsun: *Pan*, neu übersetzt von Aldo und Ingeborg Keel,
    Zürich 2009.
Knut Hamsun: *Briefe*, herausgegeben von Tore Hamsun,
    München o. J.
Knut Hamsun: *Briefe an Marie*, herausgegeben von Tore Hamsun,
    München 1970.

2. Biographien

Walter Baumgartner: *Knut Hamsun*, Reinbek 1997.
Robert Ferguson: *Hamsun. Leben gegen den Strom*, München 1987.
Tore Hamsun: *Mein Vater*, München 1993.
Ernst Hermann: *Knut Hamsun. Lebensbericht in Bildern von Tore
    Hamsun*, München, Berlin 1956.
Ingar Sletten Kolloen: *Knut Hamsun – Schwärmer und Eroberer*,
    Berlin 2011.

Bildnachweis

Umschlagabbildung: Gyldendal Norsk Forlag

S. 8, 40, 42, 46, 52, 54: National Library of Norway, Picture Collection, Fotos: Anders Beer Wilse; S. 22, 36, 50 (u.): National Library of Norway, Picture Collection

S. 10, 12, 14 (u.), 18, 24, 26, 38: aus: Ernst Hermann, *Knut Hamsun. Lebensbericht in Bildern von Tore Hamsun*, München / Berlin: Deutscher Kunstverlag 1956.

S. 14 (o.): Mit freundlicher Genehmigung der Norway Heritage Collection – Quelle: www.heritage-ships.com

S. 16: Chicago History Museum

S. 20, 48, 50 (o.), 66 (o.), 70: © ullstein bild

S. 28: © The Munch Museum / The Munch Ellingsen Group / VG Bild-Kunst, Bonn 2011

S. 30 (o.): www.bonnierforlagen.se

S. 30 (u.): www.knutmichelsen.no

S. 32: The National Museum of Art, Architecture and Design, Oslo

S. 34 (l.): www.hamsunsenteret.no

S. 34 (r.), 58, 60, 62: © (Norsk Folkemuseum) The Norwegian Museum of Cultural History, Fotos: Anders Beer Wilse

S. 44: © INTERFOTO / Friedrich

S. 56: © INTERFOTO / Sammlung Rauch

S. 64: © ullstein bild – Regine Relang

S. 66 (u.): © Johan Ottesen – Fotoarkivet

S. 68: © Mit freundlicher Genehmigung des George Eastman House, International Museum of Photography and Film

S. 72: © ullstein bild – Martin Munkacsi

S. 74: © VG Bild-Kunst, Bonn 2011 / National Library of Norway, Picture Collection

S. 76: © ullstein bild – Walter Frentz

S. 80: © Photo: K W Gullers, Nordiska museet

Autor und Verlag haben sich redlich bemüht, für alle Abbildungen die entsprechenden Rechteinhaber zu ermitteln. Falls Rechteinhaber übersehen wurden oder nicht ausfindig gemacht werden konnten, so geschah dies nicht absichtsvoll. Wir bitten in diesem Fall um entsprechende Nachricht an den Verlag.

Impressum

Gestaltungskonzept: *Groothuis, Lohfert, Consorten,*
Hamburg | glcons.de

Layout und Satz: *Ann Katrin Siedenburg*

Lektorat: *Petra Müller*

Gesetzt aus der *Minion Pro*

Gedruckt auf *Lessebo Design*

Druck und Bindung: *Grafisches Centrum Cuno, Calbe*

Bibliografische Information der Deutschen Nationalbibliothek
Die Deutsche Nationalbibliothek verzeichnet diese Publikation
in der Deutschen Nationalbibliografie; detaillierte bibliografische
Daten sind im Internet über http://dnb.d-nb.de abrufbar.

© 2011 Deutscher Kunstverlag GmbH Berlin München

info@deutscherkunstverlag.de
www.deutscherkunstverlag.de

ISBN 978-3-422-07055-4